国家自然科学基金项目“顾客价值主导的全面质量营销管理系统及评价模型研究”（项目编号：70672114）阶段性成果

市场导向、营销质量驱动的顾客价值实证研究

——以制造业为例

熊艳 著

中国地质大学出版社有限责任公司
ZHONGGUO DIZHI DAXUE CHUBANSHE YOUXIAN ZEREN GONGSI

An Empirical Study on Customer Value Driven by Market Orientation and Marketing Quality

——Evidence from Manufacturing Industry

Yan Xiong

China University of Geosciences Press CO.,LTD.

序　言

顾客价值相关理论和实践研究是市场营销学研究的重要课题之一,受到营销界学者的广泛关注。通过创造顾客价值,实现组织的竞争优势,这是波特竞争优势理论的精髓,也是营销理论研究者和实践者关注顾客价值的根本原因。随着市场营销环境的不断变化,营销研究者不断以创新性思维对顾客价值进行研究,取得了丰硕的成果;企业界在实践中所实施的创造和提升顾客价值的方式和策略,也常给顾客带来新的体验和感受,使企业在激烈的竞争中获取竞争优势;企业提升顾客价值营销实践活动的发展,也不断带给学者新的思考。

面对当前动态变化的营销环境,如何从动态的视角对顾客价值的内涵和驱动因素进行重新界定,将直接关系到企业顾客价值竞争优势战略的设置和实施。作者以其敏锐的观察力,洞察到顾客价值研究领域这一新的研究空间,结合其导师主持的国家自然基金研究项目"顾客价值主导的全面质量营销管理系统及评价模型研究"的研究,完成了她的博士论文"市场导向、营销质量驱动的顾客价值实证研究"。本书是她在其博士论文基础上进行修改、充实、完善而形成的研究成果。

作者在其多年的博士研究生学习过程中,对顾客价值方面的研究成果进行了大量的文献收集,对这一领域的研究动向有着较为清晰的把握,能够结合营销研究的相关课题进行横向思考,形成个人的独特见解。该书中,作者根据制造业提升顾客价值的实践情况,结合市场导向、全面质量营销领域的研究成果,对顾客价值理论进行了理论探讨和实证研究,探寻了市场导向、营销质量驱动下的顾客价值问题。该书有以下几个方面的特点：

其一，动态地界定和衡量顾客价值。顾客价值这一概念提出以来，学者对其有诸多的理解和定义。其中，顾客视角的顾客价值的研究较为丰富和深入。在这一研究领域中，早期对顾客价值的理解大多采用静态的观念来看待，作者根据当今苹果公司的实际经验，推崇和提倡了动态地看待顾客价值的观念，提出了以属性价值、体验价值和目标价值构建顾客价值层级模型的思想，并开发了相关量表进行研究。

其二，从新的视角探讨顾客价值的驱动因素。顾客价值的驱动因素较多，从市场导向和营销质量的视角研究顾客价值是一种新的尝试。特别是营销质量研究，属于全面质量营销的重要内容之一，是营销研究的新内容，该方面的研究成果较少，将之作为动态顾客价值的驱动因素进行实证分析，丰富了顾客价值和全面质量营销研究内容。

其三，以科学方法进行研究。本书综合运用了定量与定性相结合、理论和实践相结合的研究方式，使研究内容得到较好的阐释和验证。作者在文献分析的基础上，通过深度访谈构建了研究的理论模型；以制造业为研究对象，选取了我国沿海和内地省市的113家企业进行了相关问题的调研，采用SPSS和LISREL软件，进行了数据统计检验和模型结构分析，对构建的模型进行了验证；并以马应龙药业集团为案例研究对象，对实证研究结果进行了进一步验证。

顾客价值研究是一个值得不断思考和深入探讨的新课题，本书的研究成果为顾客价值的创新研究注入了新的研究内容，启发了读者对顾客价值问题进行新的思考和策略探索。本书既适合理论研究者阅读，也可作为企业中高层经营管理者的学习资料。

作为导师，我很高兴看到本专著的顺利出版，并希望作者在今后的营销教学和研究工作中，不断思考，取得新的成绩，有更多的专著和文章面世。

万后芬

2011年11月于武汉

摘　要

现代营销已从产品营销进入到价值营销阶段，通过提高顾客价值来获取竞争优势，已成为企业界和营销学界的共识，相关问题的实践和理论探讨一直在延续和深入。

从实践层面来看，全球经济环境复杂多变，市场导向观念作为企业在复杂经营环境中的经营哲学，已被普遍接受和广泛运用。

当今，顾客成为了营销管理的核心，满足顾客需要是企业的宗旨。然而，顾客导向并不等同于市场导向，只有顾客导向、竞争者导向和跨部门间协调三个方面全面、协调的思考，才是市场导向的精髓。它告诉我们企业的经营只有从顾客、竞争者和自身三方面出发，发现和运用自身独特的竞争优势，通过高质量营销活动的开展，才能真正发现和满足顾客需求，提高企业绩效。因此，企业营销活动的开展、顾客价值的形成和创造，只有体现出市场导向的思想，重视营销质量，才可能取得成功。

制造业是我国国民经济发展的支柱产业，在世界制造业价值链进行转移的时代，如何为顾客提供高价值的产品，运用先进的营销理念提升企业创造的顾客价值，是我国制造业发展中面临的重要问题。

从理论层面看，营销研究其实质是研究创造、传递和传播顾客价值的战略和策略。其中，顾客价值及其驱动因素研究一直为学者所重视。

就顾客价值形成机理而言，顾客价值内涵及其理论模型众多。学者们从顾客、企业、顾客-企业多种视角进行了探讨。其中，顾客视角的顾客价值研究较多，形成了多种顾客感知价值理论模型，而且，Woodruff(1997)顾客价值层级理论是研究的重要内容之一，动态地理解顾客价值有利于全面认识顾客价值内涵。就顾客价值驱动因素而言，驱动因素较多，市场导向和营销质量是重要的驱动因素。在市场导向的顾客价值研究中，大量学者探讨了顾客感知的价值问题，提出了各种顾客感知价值模型。进入21世纪后，一些学者开始关注企业能力要素等对顾客价值的影响，顾客价值研究中市场导向观念对顾客价值影响的广度和深度的研究正在丰富和深入。营销质量是随着全面质量营销观念的提出而产生的新概念。随着全面质量管理和营销管理的融合，全面质量营销观念在20世纪90年代中后期被一些学者提出，受到研究者的青睐。Don Bathie & Josh Sarkar(2002)认为全面质量营销是全面质量管理与营销的共生。如何通过全面质量营销活动的开展实现顾客价值？质量管理与营销的结合成为了一个值得关注的问题。营销质量作为一个较为新颖的概念激发了一些研究者的研究兴趣，成为营销管理研究中一个很好的研究契机。

综合上述两个方面，顾客价值营销管理的理论和实践给研究者带来了一些问题和思考。

本书旨在探讨企业的市场导向观念、营销质量和顾客价值之间的关系。希望通过本书的研究，探讨顾客价值在全面质量营销中外部营销系统的运作，丰富顾客价值理论、市场导向理论和全面质量营销理论的研究内容，为制造业乃至其他行业的顾客价值创造活动的开展提供理论上的依据和实践上的方法指导，为提高我国企业的国际竞争力作出贡献。

本研究以制造业为研究对象，采用文献研究、定性(质化)研究、定量(量化)研究、案例研究等研究方法，选取市场导向、营销质量、属性价值、体验价值、目标价值五个研究变量，构建了市场导向、营销质量驱动的顾客价值研究模型，选取我国沿海和内地省市的113家企业进行了相关实证研究分析，并对马应龙药业集团的顾客价值相关实践活动进行了案例分析。

本书分为七章，主要内容如下：

第一章导论。阐明研究背景和研究动机、研究目的和研究范围、研究内容和研究技术路线。

第二章文献综述。根据研究问题的需要，对顾客价值相关理论研究进行文献回顾与总评。旨在通过文献梳理，了解顾客价值研究进展和现状，为本研究提供理论思路，明晰研究的方向。

第三章相关因素分析。研究分析市场导向、营销质量和顾客价值的关系，为研究模型中市场导向、营销质量和顾客价值关系的构建奠定理论基础。

第四章研究设计。建立本研究的顾客价值理论模型的构架，形成本研究的理论模型和研究假设，选取了五个研究变量：市场导向、营销质量、属性价值、体验价值和目标价值；通过定性访谈对研究模型和研究假设进行确定，设计研究变量的量表并进行预调研测试，从而形成正式研究测量量表；对本研究的抽样方法和样本进行介绍，介绍研究中所采用的数据分析和处理方法。

第五章数据分析与解释。根据实证分析的数据情况，对本研究量表的信度和效度进行了检验；对研究的结构方程模型进行了分析，并对模型中提出的各种假设进行了验证。实证研究结果显示：市场导向、营销质量对顾客价值相关层级有显著的驱动作用。根据假设和研究结果，$r_1=0.78$，$r_2=0.76$，$r_3=0.79$，$r_4=0.75$，$r_5=0.69$，$r_6=0.71$，即研究模型中相关变量之间有较强的相关特性。

第六章案例研究。针对模型相关变量内容，选取马应龙药业集团进行案例研究，运用实例证明市场导向、营销质量对顾客价值形成的驱动作用。

第七章研究结论与展望。对本研究进行总结和讨论，提出本研究的营销管理借鉴，指出本研究可能的创新、研究局限和未来研究方向。

本研究得出以下结论：顾客价值可用属性价值、体验价值和目标价值三个层次来评价，市场导向观念对顾客价值的创造活动起指导作用，营销质量驱动顾客价值的形成过程。

本书的创新之处表现在以下几个方面。

(1)构建了动态的顾客价值层级模型。本书利用手段-目的链理论，借用 Woodruff 顾客价值层级模型的思想，构建了顾客价值层级模型。用产品的属性价值、体验价值和目标价值三个相互关联的变量动态地描述顾客价值。

(2)选取了顾客价值驱动因素研究新的视角。本书的顾客价值层次模型是构建在市场导向和营销质量驱动的基础上的,从理论意义上说,实际是研究的市场导向观和全面质量营销观对顾客价值形成的影响。①全方位地探寻了市场导向对顾客价值的影响;②全面质量营销观念本身就是一种较新的理念,相关研究较为薄弱,将其重要的概念——营销质量运用于顾客价值模型研究是一种崭新的尝试。

(3)开发了顾客价值层级量表。在顾客价值层级论的理论研究基础上,以Woodruff的观点为依据,结合深度访谈结果,在预调研的基础上开发了顾客价值的属性价值、体验价值及目标价值的量表,并将之用于本书的实证研究。

(4)实证验证了营销质量量表。营销质量量表来源于Kotler的定性论述及本研究的深度访谈,本书通过实证分析,验证了该量表的可操作性。

(5)研究思路独特,研究方法科学合理。顾客价值层次模型的定性研究分析运用较多,鲜有定量分析运用。不同于以往学者多以静态的方式实证研究顾客价值的驱动因素的思路,本书以动态的顾客价值模型用于实证分析研究,较好地体现了市场导向、营销质量对顾客价值的驱动方式。另外,在实证分析的基础上,采取了案例研究的方法,从企业实践经验的角度印证研究结论,增强了研究结果的说服力,使本书研究具有较好的研究价值。

本书在研究过程中力争科学合理,但是由于笔者研究水平和研究环境等多方面的限制,在研究样本、研究分析和研究结论方面尚存在局限性,这些均有待笔者在未来的相关研究中进行改进和完善。

Abstract

Marketing management is in the stage of value marketing after produt marketing. It is the common sense that firms could gain competetive advantage through improving their customer value. The practice and research about it extends and goes to deep.

From the practical perspective, global economic environment has been changing greatly. Market orientation as the enterprises' management philosophy has been already widely accepted and implemented.

Nowadays Customer becomes the central of marketing management. Meeting customer needs is enterprises' tenet. However, customer orientation is not supposed to consider equal to market orientation. Only customer orientation, competitor orientation and interfunctional orientation coordinate completely and fluently, can it be the essence of market orientation. It tells us that only in consideration of three aspects of customer, competitor and organazation itself, founding and applying enterprise own special competative advantage, can it meet customer needs and improving enterprise performance. Therefore, only with market orientation and high marketing quality can today's enterprises achieve succssful performance in creating customer value activities.

Manufacturing is the mainstay industry of our national economy. Facing the value chain of world manufacturing industry transfering, it's the crucial problem in our manufactering industry development that how to offer products with high value and improve customer value with advanced idea.

From the theoretical perspective, Marketing research is essentially exploring the strategies and stactics of creating, delivering and diffusing customer value. Among them customer value and its driving factors are important topics attrated attention from scholars.

At first, talking about the mechanic of customer value, there-are many conceptions and models about it. Researchers made some discussion about it from the perspectives of customer, supplier and joint buyer-seller, Of which the research of customer value from buyer's perspective have been presented frequently and consequently formed diverse customer-orientated value theory model, and Woodruff's Customer Value Hierarchy Model is one of the most important contents, thinking customer value in a dynamic way has good help for understanding its meaning. At last, there are many factors to drive customer value, market orientation and marketing quality are two important ones. In the research of market-oriented customer value, many researchers have expolered the problem about customer perceived value and presented their research model. Some researchers start to pay attention to the infulence from core competence of the corporation in twenty-first century. The breadth and deepth of infulences of market-orientation to customer value has being enriched and completed. Marketing Quality is a new concept emerging with Total Quality Marketing (TQMK) theory. In the late of 1990s, TQMK has been proposed since of combination of Total Quality Management and Marketing, and it makes great intrestes to researchers. Don Bathie and Josh Sarkar(2002) said it was the symbosis of total quality management and marketing. How to realize customer value through TQMK activities? It has becomed a hot topic. Marketing quality, as a new concept, has stimulated some researchers' interests, and it becomes a good point in marketing management research.

According to the above-mentioned two aspects of theoritiacl and practical, customer value marketing management brings some question and reflection.

The goal of this book is discussing relationship of enterprise' market orientation, quality and customer value. The author hopes to study customer value's operation in TQMK's external marketing system, riching the study content of customer value theory, market orientation theory and TQMK theory, providing supporting in theory and practice, and making contribution to our enterprises' international competitive ability.

The research choices manufacture industries as objectives. Research methods of data studies, qualitative methods, quantitative methods, case studies are used in this process. There are five variables in this research, they are Market Oriented, Marketing Quality, Attributive Value, Experience Value and Goal Value. Research model has been put up and proved. The author choiced 113 samples from costal and inland provinces in China to do empirical study, and discussed customer value activities of MAYINGLONG PHARM GROUP as a study case.

The main contents of the book can be divided as belows:

Chapter one: Introduction. This part explains the background and motivation, purpose and scope, object and way of this research.

Chapter two: Theory review based on the need of research, This part gives customer value theory review, it involves customer value basic theories and driving factors theories. and also provides reflection of customer value of this dissertation.

Chapter three: Related factors analysis. Relationships among market orientation, marketing quality and customer value are analyzed in this part. It helps to build up the theoretical foundation of this dissertation.

Chapter four: Research design. The model and factors of the dissertation has been set up. There are five factors together in this model: Market Orientation, Marketing Quality, Attribution Value, Experience Value, Goal Value. Through indepth view, the study model and hypothesises are made. The final indexes of each factor have been dicided by pre-investigations' data reliability and validity analysis. The sampling method and samples are introduced. The data analysis methods are given.

Chapter five: Data analysis and explain. According to formal investigate data, reliability and validity of each factor and total model have been analyzed. The final results show as below: $r_1=0.78$, $r_2=0.76$, $r_3=0.79$, $r_4=0.75$, $r_5=0.69$, $r_6=0.71$。 It shows that hypothesises are concluded.

Chapter six: Case study. In this part, Customer value activities in MAYINGLONG PHARM GROUP has been introduced for the related variation of the model. It proves our research conclusion in practice.

Chapter seven: Rresearch conclusion and forward. Research conclusion and marketing management suggestion are given in this final chapter. At the same time, innovation, limitation and research forward of this dissertation are also dicussed.

The conclusion of this book are summarized below:

Customer value are composed of attribution value, experience value and goal value. Market orientation guides company's customer value activity. Marketing quality are driving factors of customer value hierarchy process.

The innovation of this book maybe show in these aspects:

(1) Building up dynamic Customer Value Hierarchy Model. The author presents a Customer Value Hierarchy Model for this research basing on means-endchain theory and Woodruff's model, and using three related variables (Attributive Value, Experience Value and Goal Value) to show dynamic customer value.

(2) Choicing a new perspective in customer value research. ① Exploring customer value in a whole aspect. ② It's the first time to use marketing quality concept in customer value model research.

(3) Exploring customer value hierarchy factor scale.

(4) Indentifying marketing quality factor scale.

(5) Applying the unique way of thinking and scientific research methods.

The author has paid great efforts in this research in order to make this book scientificly and correctly. However, there are still some infects in it due to author's experience, knowledge and research conditions. All these will be improved in some ways in future study.

目　　录

第一章 导 论

第一节 研究背景和研究动机

☞ 引例

在当今的电子产品市场，苹果公司（原称苹果电脑公司，Apple Computer, Inc.）可谓是声名显赫。这个于 1976 年 4 月在美国加利福尼亚的库比提诺成立的公司，过去数年间，公司的发展历程似航天火箭般直冲云霄。其核心业务是电子科技产品，其推出的 iPod 数位音乐播放器、iTunes 音乐商店、iPhone 智能手机和 iPad 平板电脑，在世界范围内受到年轻人的酷爱，已经成为时尚文化的代名词。

在市场竞争白热化的今天，苹果公司为什么能够如此突出，引起世人关注？让我们看看苹果公司在关注顾客活动中的独特举措和表现。

2001 年 10 月 23 日，苹果公司推出了 iPod 播放器，这种在业内人士看来既不是高科技又很贵的产品，一度被讥讽为"傻瓜才会买的机器"。可是，令人大跌眼镜的是，苹果凭着 iPod 的良好顾客体验和 iTunes 在线音乐商店，吸引了无数的音乐爱好者，引发了音乐产业的重大变革。2007 年苹果公司又推出了 iPhone 手机和配套的 App Store 网上应用程序商店，这种除了在设计和视听上有突出品质、价格昂贵的产品，又被认为不可能成功，结果，苹果公司成为最成功的智能手机厂家，并重新定义了手机的含义，使手机成为多媒体业务的最新载体，蕴藏无限商机。2010 年 4 月 3 日，苹果公司在全球新推出了 iPad 平板电脑，同样没有震撼性新技术，但上市一周后，销量已达 45 万部，用户在 iPad Apps 下载量已达 350 万次，iBooks 下载量已达 60 万本，iPad 程序已有 3500 个。权威人士预言，电玩游戏、电子书、教科书、影片等行业，可能都会因为 iPad 而重新洗牌。

苹果公司善于发现消费者对产品的使用价值和使用过程的体验价值的需求。近年来，苹果公司在开发满足顾客需求上述产品的同时，十分重视顾客体验价值的挖掘。在笔记本和手机领域，苹果的竞争对手们大多采取回避客户而非服务客户的策略。它们关掉了自身的客户服务部门，并将这项业务外包给由低薪员工组成的电话服务中心，甚至要客户自己去网上寻找常见问题的解答。而 20 年前，苹果公司制定零售策略时，就明确了一个压倒一切的优先目标，即创立一种让客户完全联想不到的计算机工业的网上零售商店，给顾客更好的体验。而且，在其实体店中，工作人员会为你诊断每一款苹果公司的产品，而不管你从哪里买的。除非过了保质期，公司对上述服务不收取任何费用。他们认为："有时候客户进来时是为了寻求帮助，但在离开时却会购买新的产品。"

（根据百度网苹果公司相关信息编写）

一、研究背景

现代营销已从产品营销进入到价值营销阶段，通过提高顾客价值来获取竞争优势，已成为企业界和营销学界的共识，相关问题的实践和理论探讨一直在延续和深入。

(一)实践层面

从实践层面来看，全球经济环境复杂多变，如竞争的全球化和激烈化、经济的快速增长和环境的迅速恶化、能源与资源的危机、经济发展的不平衡。企业面对错综复杂的经营环境，如何坚持市场导向的经营哲学，开展全面质量营销活动，以创造、传递和传播顾客价值已经受到经营者的关注和重视。

早期的企业导向经营观，使产品成为了企业关注的焦点，产品的数量和质量、产品的推销方式是企业经营的核心。正如通用汽车公司的看法，在公司汽车的经营程序上，是先由公司的设计师和工程师们创造一种款式，然后生产部门制造出来，财务部门为产品制定价格，最后再由营销部门和推销员向顾客推销。营销观念将企业的认识提到新的层面，顾客成为营销管理的核心，满足顾客需要变成了企业的宗旨。沃尔玛公司为了强调顾客在企业经营活动中的重要性，甚至提出"顾客永远是对的"经营理念，科特勒(1997)认为顾客一句"想要'不贵的'汽车"，营销者至少要深入调查了解①，判别其需求可能属于的类型，不能简单地就理解为需要便宜的汽车。苹果公司创始人CEO史蒂夫·乔布斯在接受《财富》杂志专访时说道：苹果公司与消费者之间的关系真正正确的是要搞明白消费者真正想要什么。他认为消费者购买公司的iPod播放器时，他们想要的不是一款播放器，而是一种音乐体验②。然而，顾客导向并不等同于市场导向，只有顾客导向、竞争者导向和跨部门间协调三个方面的全面、协调的思考，才是其精髓。它告诉我们企业的经营只有从顾客、竞争者和自身三方面出发，发现和运用自身独特的竞争优势，同时通过高质量的营销活动的开展，才能真正发现和满足顾客需求，提高企业绩效。苹果公司的市场策略就是最好的体现。因此，当今企业营销活动的开展、顾客价值的形成和创造，只有体现出市场导向的思想，才可能取得成功。

就制造业而言，它是我国国民经济的支柱产业，是最具有带动作用、提高生产率潜力最大的产业(吴仁洪、邹正清，1990)③，对我国GDP的增长起着重要的作用，对第三产业的发展意义重大。无论是工业品制造行业，还是消费品制造行业，执行市场导向营销观念、创

---

①菲利浦·科特勒认为"想要一辆'不贵'的汽车"，说明可以将顾客需要区分为五种类型：表明了的需要、真正的需要、未表明的需要、令人愉悦的需要、秘密的需要。

②金错刀编著.《史蒂夫·乔布斯管理日志》，中信出版社，2010年，第277页。

③吴仁洪、邹正清.《中国制造业动态与经济发展》.《管理世界》，1999年第1期，第61～73页。

造顾客价值都是企业营销战略的核心。东风汽车集团电动公司杨守武副总经理说:“在新能源汽车的产品开发中,作为民族自主品牌的开发,我们正关注着国内外汽车生产厂商的动态,关注着比亚迪汽车公司的战略”①。海南鑫生实业股份有限公司董事长张克坚则认为,在市场切入点的选择上,我们不仅要考虑顾客需要什么,还要考虑公司有没有能力和实力去做②。在世界制造业价值链进行转移的时代,如何为顾客提供高价值的产品,运用先进的营销理念全面提升企业创造的顾客价值,是我国制造业发展中面临的重要问题。

(二)理论层面

从理论层面分析,营销研究其实质是研究创造、传递和实现顾客价值的战略和策略。其中,顾客价值及其驱动因素研究一直为学者所重视。本研究立论理论依据基于以下两个方面。

1.顾客价值理论研究

就顾客价值形成机理而言,顾客价值内涵及其理论模型众多。学者们从顾客、企业、顾客-企业多种视角进行了探讨。其中,顾客视角的顾客价值研究较多,形成了多种顾客感知价值理论模型,而且,Woodruff(1997)顾客价值层级论(Customer Value Hierarchy Theory)的观点是当今研究的重要内容之一,动态地理解顾客价值有利于全面认识顾客价值内涵。

2.顾客价值驱动因素研究

就顾客价值驱动因素而言,驱动因素较多,市场导向(Market Orientation)和营销质量(Marketing Quality)是重要的驱动因素。市场营销的核心是满足需求,营销学研究的所有内容均是为达到这一目的而进行的。营销研究是从不同的侧面研究如何关注顾客的需求,通过营销活动的开展满足这种需求。西方学者曾经提出了营销

①该观点引自于杨守武副总经理在笔者工作所在学校 MBA 教育中心 BELL 绿色示范课堂的嘉宾演讲中。

②该观点来自于本研究深度访谈。

研究中的五大重点课题(关系营销、战略联盟、品牌资产管理、全面质量营销、市场导向管理)①,其中,前三者的研究成果众多,通过关系营销、战略联盟和品牌战略提升顾客价值的研究十分广泛,研究成果被企业经营者在企业营销实践中广泛运用。市场导向管理对顾客价值的影响研究正在深入和发展,而全面质量营销中营销质量对提升顾客价值的作用研究正受到研究者的关注。

(1)市场导向理论与顾客价值关系研究。市场导向理论,自20世纪90年代Kohli and Jwaorski(1990)、Narver和Slater(1990)等人的相关研究成果问世以来,受到广泛的关注和推崇。市场导向作为企业的营销观念,是企业将顾客利益置于首位的一整套的信念(Deshpande、Farley and Webster, 1993),是顾客导向(Customer orientation)、竞争者导向(Competiton orientation)、跨部门协调(Interfunctional coordination)三方共同作用的营销理念(Narver and Slater, 1990)②。在市场导向的顾客价值研究中,大量学者探讨了顾客感知的价值问题,提出了各种顾客感知价值模型,如Zeithaml、Jakson、Morris、Gale、Albrecht、Woodruff等。进入21世纪后,一些学者开始关注企业能力要素等对顾客价值的影响,如Masella and Rangone (2000), Simpson、Siguaw and Baker (2001),周亚庆(2002),Moller(2006),刘石兰(2007)等。顾客价值研究中市场导向观念对顾客价值影响的广度和深度的研究正在丰富和深入。

(2)营销质量理论与顾客价值关系研究。营销质量是随着全面质量营销观念的提出而产生的新概念。随着全面质量管理和营销管理的融合,全面质量营销(Total Quality Marketing, TQMK)观念在20世纪90年代中后期被一些学者提出(如Allan C. Reddy, 1994③;

---

①美国市场营销学会(AMA)1994年总结提出。

② Narver J. C. and Slater S. F., The Effect of a Market Orientation on Business Profitability. *Journal of Marketing*, 1990, 54(2):20~35.

③Allan C. Reddy, *Total Quality Marketing: The Key to Regaining Market Shares*. Westport, CT: Quorum Books, 1994, pp. 180.

LaFief, *William* C, 1996[①]; Don Bathie and Josh Sarkar, 2002[②]), 受到研究者的青睐。Don Bathie and Josh Sarkar(2002)认为全面质量营销是全面质量管理与营销的共生。如何通过全面质量营销活动的开展实现顾客价值？质量管理与营销的结合成为一个值得关注的问题。营销质量作为一个较为新颖的概念激发了一些研究者的研究兴趣。早期的质量往往指产品质量(Cravens, Holland, Lamb and Moncrief, 1988)和服务质量(Gronroos, 1983; Parasuraman, Zaithaml and Berry, 1985),全面质量营销活动的提倡给质量赋予了新的内涵。全面质量营销活动的开展提倡全面质量,全面质量包括产品质量、服务质量和营销质量。其中,营销质量是营销过程的质量,它包括外部营销活动质量和内部营销活动质量。营销过程的质量在顾客价值传递活动中的作用受到重视。营销质量是企业实施全面质量管理的一个重要组成部分,质量必须在公司的每一项活动中体现出来,而不仅仅是在公司的产品中(科特勒,1999)[③]。营销质量成为全面质量营销和全面质量管理研究中的一个重要内容,对实现顾客价值有着重要的作用。万后芬教授(2003,2005)引用系统论的观点,提出了全面质量营销系统的创建问题,并以此为研究内容,展开了"顾客价值主导的全面质量营销管理系统及评价模型研究"[④]。作为整个研究中的组成部分,如何实现全面质量营销管理系统中顾客价值主导的质量观的输入,并通过质量的外部营销系统的运作创造顾客价值,让顾客满意,成为该研究中亟待解决的重要问题。由

---

①LaFief, William C, Total Quality Marketing: The Key to Regaining Market Shares. *Academy of Marketing Science*. Fall 1996, 24.4, ABI/INFORM Global, pp. 377.

②Don Bathie and Josh Sarkar, Total quality marketing(TQMK): a symbiosis. *Managerial Auditing Journal*, 2002, 17(5):241～244.

③菲利浦·科特勒著,梅汝和、梅清豪等译.《营销管理:分析、计划、执行和控制》(第9版),上海人民出版社,1999年,第52页。

④中南财经政法大学万后芬教授主持的国家自然基金项目"顾客价值主导的全面质量营销管理系统及评价模型研究"(项目编号:70672114)。

此，从理论研究的角度，当今环境下，营销质量和顾客价值的关系研究成为营销管理研究中一个很好的研究契机。

综合上述实践层面和理论层面两个方面，顾客价值营销管理的理论和实践给研究者带来了一些问题和思考。彼得·圣吉在他推崇的五项修炼中说过：一项核心的修炼就是要改变心智模式，不断探寻与质疑我们在过去的经验中对环境所作出的假设，不改善这些心智模式，就不可能应对未来[①]。笔者认为，将市场导向、营销质量和顾客价值相关理论和实践结合起来进行探讨和研究，将是一件有意义的工作，也许能够改变我们的某些心智，更好地应对未来。

二、研究动机

本书旨在探讨企业的市场导向观念、营销质量和顾客价值间的关系。从现有的研究成果来看，市场导向理论、顾客价值理论的研究受到了学者们的广泛关注，研究的广度和深度都在提高，营销质量问题近来也引起营销研究者和质量管理研究者的重视，相关问题的研究正在展开。分析与本研究相关的文献，发现在如下三个方面存在值得思索和探讨的问题。

(一)顾客感知价值的认知过程

顾客价值的研究始于 20 世纪 80 年代 Poter 竞争优势理论的提出和发展。Poter 在《竞争优势》一书中提出了价值链的概念和理论[②]，他认为："从根本上讲，竞争优势源于企业能够向顾客提供超过竞争对手的价值。"顾客价值理论一直是营销学界和企业界关注的热点，存在顾客、企业和顾客-企业等多种研究视角[③]。学者们从各自的角度对顾客价值的概念进行了界定。其中，以 Zeitham1 为代表

①彼得·圣吉著，郭进隆译. 第五项修炼——学习型组织的艺术与务实. 上海：上海三联书店，1994 年。

②迈克尔·波特著，陈小悦译.《竞争优势》. 北京：华夏出版社，1997 年。

③Wolfgang Ulaga, Customer Value in Business Markets. *Industrial Marketing Management*, 2001, 30, pp. 315～319.

学者的观点被广为接受，他们将顾客价值看作是顾客对企业的产品或服务的感知价值（Zeithaml，1988；Jakson，1985；Morris，1994；Gale，l994；Albrecht，l994；Woodruff，1997），而且 Woodruff（1997）认为这种顾客感知的价值具有层级性的特点。由于学者们研究重点的差异性，所构建的顾客价值模型也不尽相同，甚至差异较大（董大海，2003；刘石兰，2007）。

从目前对顾客价值理论的研究来看，本着顾客是企业的基石的指导思想，学者们对顾客视角的顾客感知价值的研究投入的热情较大，基于环境的变化和顾客认知心理过程的客观存在，提出了从动态的角度研究顾客感知价值的思想（Daniel J. Flint，Robert B. Woodruff and Sarah Fisher Gardial，1997；花昭红，2007）。

顾客视角的顾客价值研究能够帮助企业了解到顾客的需求所在，实践中，探究企业对顾客感知价值的认知过程意义重大。成功的营销需要公司具备了解、洞察、传递、捕捉和维护顾客价值的能力（科特勒，2006）①。提供优质的顾客价值被认为是企业获取竞争优势的来源（Beckett，Sandra Blodgett，1996；Woodruff，1997；董大海，2003）。然而，以往企业视角的顾客价值研究，常常是关注顾客对企业的终生价值的贡献，Sewell and Brown（1990）在《终生顾客（Customer for Life）》一书中称之为顾客潜在终身价值②，Blattberg and Deighton（1996）称之为顾客终身价值（Customer Lifetime Value，CLV），也就是将顾客看作是企业的资产，称为顾客资产（Customer Equity）（科特勒，2006）③。对于企业如何去探究、感知和形成自身所能提供的顾客感知价值的过程研究甚少。Beckett，Sandra Blodgett

①菲利浦·科特勒、凯文·莱恩·凯勒著，梅清豪译.《营销管理》（第12版）.上海：上海人民出版社，2006年，第42页。

②Carl Sewell and Paul Brown，*Customer for Life*，New York，Pocket Books，1990，pp. 162.

③菲利浦·科特勒、凯文·莱恩·凯勒著，梅清豪译.《营销管理》（第12版）.上海：上海人民出版社，2006年，第166页。

以及董大海等人在此方面做了一些研究，提出了这种思想，但就其构建的研究模型而言，都是静态的顾客视角的感知价值，没有反映企业对顾客感知价值的认知过程。实际上，如 Woodruff(1997)所认识的，顾客价值的形成是一个动态的发展过程。因此，企业对顾客价值的认知和顾客的感知一样，也是一个动态的过程，从逻辑的角度来看，是可以借助 Woodruff 的顾客感知价值的层级理论进行解释的。目前，已有学者注意到了这个问题，但这方面的研究可以说还较为欠缺。

(二)市场导向理论与顾客价值理论的关系

市场导向理论研究归属于战略营销理论的探讨范畴。市场营销观念是市场营销原理的重要基石(Kohli and Jaworski, 1990)，是企业经营哲学的基本反映(Druker, 1954; Levitt, 1960; Kotler and Levy, 1969)，创造满意的顾客是企业营销活动的核心(Druker, 1954)。在营销实践活动中，企业为了达到这一目标，必须关注顾客的需求和市场竞争外部环境的变化，利用自身的竞争优势对于变化作出反应。Kohli and Jaworski 将企业的这种了解顾客需求并对此需求作出反应的行为称为市场导向(Market-oriented)(Kohli and Jaworski, 1990; Kohli, Jaworski and Kumar, 1993)，这种营销观念便是市场导向观念(Market Orientation)。

自 Kohli and Jaworski 对市场导向的维度提出探讨以来，学者们对这一问题表现出极大兴趣(如 Naver and Slater, 1990; Kohli, Jaworski and Kumar, 1993; Deshpande *et al.*, 1993; Wrenn, La Tour and Calder, 1994; Wrenn, 1997)。该领域的研究成果丰富。其中，市场导向与企业绩效关系的研究尤为典型(如 Kohli and Jaworski, 1990; Narver and Slater, 1990; Jaworski and Kohli, 1993; 罗青军，2003；杨智，2005；张雪兰，2005)。企业绩效来源于企业的竞争优势，Day and Wensley(1983)认为，竞争优势理论为市场导向与绩效这一基本假设提供了支持，而竞争优势取决于企业提供卓越的顾客价值的能力(Ohmae, 1988; Porter, 1985; Woodruff,

1997；董大海，2003)。企业对顾客价值的认识方法或过程与其所具有的市场导向观念相关联。

在市场导向理论的运用研究中，早期的研究更多关注的是市场导向观念本身，今天，越来越多的学者重视这种观念在营销管理领域内的广泛运用。在营销顾客价值理论研究中，市场导向观念的思维正在发展，从对顾客价值的构成的认识来看，早期的研究者主要关注顾客导向的顾客价值，提出了一系列的顾客价值模型(Zeithaml, 1988；Woodruff, 1997)。现在有些学者开始注意到组织行为、组织要素和组织文化等对顾客价值的影响，如 Jeanke、Ron and Onno (2001)的顾客与企业顾客价值差距模型、Ravald and Gronroos (1996)的全情景价值模型，Simpson and Baker(2001)从供应商的市场导向行为的角度构建的顾客价值驱动模型(杨龙、王永贵，2002)，刘石兰博士(2007)进行的组织要素、组织能力视角下的顾客价值研究，柳铮博士(2009)探讨的企业高层领导行为与顾客价值创造的关系。如今，市场导向的观念成为大家的共识，需要我们从顾客、竞争和企业自身的角度全面地看待问题。针对以往顾客价值的一维和二维角度的思考，如何将竞争导向的思考融入顾客价值，特别是动态的顾客价值的构成体系中，实现 Slater and Naver(1994)对市场导向的多角度的认识，目前对这一问题的研究还较为缺乏。因此，市场导向观念与顾客价值的关系也就成为一个值得研究的话题。

(三)营销质量理论与顾客价值理论的关系

营销质量和顾客价值的关系终究是质量和价值的关系问题，这种关系随着对质量和价值两个概念认识的深入而逐渐清晰。

1. 质量和顾客价值

早期对质量和价值关系的研究集中反映在对顾客价值的探讨之中。

质量是顾客价值的核心概念。顾客价值的构成维度问题实质上是质量维度的衡量问题。从顾客价值概念的界定来看，学者们比较认同将产品和服务的质量或者利益作为顾客价值构成的主要要素。

如 Chusil and Downs(1979)、Jakson(1985)、Zeithaml(1988)、Morris(1994)、科特勒(1999)、Higgins(1998)、Gale (1994)、Albrecht(l994)、Woodruff(1997)等。其中,Woodruff(1997)认为顾客对质量或价值的认知随着购买决策过程的发展存在一个过程,顾客对价值的认知始于对产品属性反映的产品质量的满意,在购买和使用前后对顾客价值的认知是不尽一样的,Woodruff 提出了顾客价值层级思想(Flint, Woodruff and Gardial, 1997)。Leugenia Ham and Steven Hayduk(2003)以 Woodruff 的顾客认知的层级理论为依据,提出了用顾客对服务的期望质量和感知质量来衡量顾客价值的方法。

对质量问题的研究是随着质量管理理论的发展而逐渐深入的。早期的质量管理主要强调的是产品本身的属性和效用,即性能质量(performance quality),如符合要求、符合标准、不必改动的等(科特勒,1999)。之后,顾客导向的质量定义被大家接受和认可,认为质量是顾客感知的质量,即适用性质量(conformance quality)、满足顾客需求的质量。是"相对于产品价格的市场感知的质量"(Gale, 1994),是顾客对产品的总体优越性(overall excellence or superiority)的评价(Zeithaml, 1988)。今天,感知质量是顾客价值的重要前置因素的观点已为学者广为采用。

2. 营销质量和顾客价值

质量与营销的结合研究引发出对全面质量营销(Total Quality Marketing,TQMK)的质量的探讨和研究,"全面质量"的概念被学者提出,被认为是创造顾客价值和顾客满意的关键(科特勒,1999)。

1994 年以后理论界正式提出了"质量营销"、"全面质量营销"战略,国内外许多学者提出了对全面质量营销这一概念的理解,并从理论和实际操作层面上以不同的角度对"质量营销"或"全面质量营销"的内涵进行了探讨和研究。代表性的有 Reddy(1994)、黄祖辉等(2004)、孙毓霜(2000)、McCune(1989)、Iris Mohr-Jackson(1998)、万后芬教授(2003)等人的观点。其中,万后芬教授(2003)认为全面质量营销是通过全过程的营销努力来提高产品质量,驱动质量绩效,以实现顾客满意目标的一种新型营销理念[①]。从这一角度出发，质量是产品和服务的质量与营销质量(Quality of Marketing)的总和。Salvatore F. Divita(1978)定性描述了企业设置的能被顾客感知的营销质量的指标，他认为这些指标涵盖了和产品相关的顾客需求的所有方面[②]。科特勒指出，营销经理必须在生产质量之外传递营销质量，营销者需要对全面质量管理和顾客满意作出自己的贡献(科特勒，1999，2003)。从他们的论述中不难看出，营销质量是顾客价值实现的重要保证。

将营销融入质量管理，提倡全面质量营销，是全面营销观念在质量管理中的运用，给质量的含义注入了新的内涵。因此，给顾客价值的认知也带来了新的内容。从当今对顾客价值的研究角度来看，鲜有学者将这两个方面进行结合，作为质量构成的内容，营销质量如何影响顾客价值，特别是在顾客价值认知的层级过程中是如何发挥作用的，目前还未见此方面的研究，这为本书的研究提供了契机。

综上所述，本书试图以制造业为研究对象，探讨市场导向观念、营销质量和顾客价值的关系，研究结果势必给相关领域的理论研究和企业实践带来有价值的思考。

第二节 研究目的和研究范围

一、研究目的

基于第一节研究背景和研究动机的阐述，本节对顾客价值理论研究、市场导向理论与顾客价值关系研究、营销质量理论与顾客价值关系研究中存在的问题和研究空间进行了分析，希望通过本研究探

①万后芬．论全面质量营销，武汉大学学报(社会科学版)，2003年第7期。

②Salvatore F. Divita, Marketing Quality Control, An Alternative to Consumer Affairs. *California Management Review*, 1978, Vol. XX, No. 4, pp. 74～78.

讨市场导向环境下顾客价值在全面质量营销中的外部营销系统的运作，丰富顾客价值理论、市场导向理论和营销质量理论的研究内容，为制造业乃至其他行业的顾客价值创造活动的开展提供理论上的依据和实践上的方法指导，为提高我国企业的国际竞争力作出贡献。

研究的具体目的可归纳为：

(1)构建市场导向、营销质量驱动的顾客价值研究模型；

(2)对所构建的模型进行实证分析；

(3)选取有关企业，进行案例研究；

(4)总结研究的管理和实践借鉴意义。

本研究概念框架如图1－1所示。

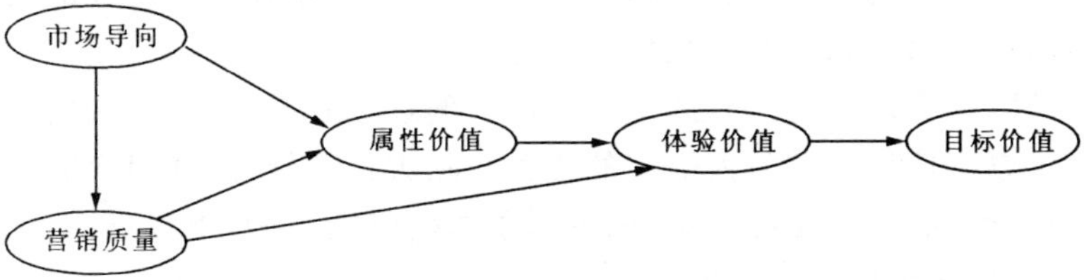

图1－1　市场导向、营销质量驱动的顾客价值研究模型

二、研究范围

研究范围可从研究类型、研究变量、实证范围、研究对象和研究方法等方面所涵盖的内容来界定，具体如表1－1所示。

表1－1　本书研究内容范围一览表

界定内容	研究内容范围
研究类型	文献回顾，建立市场导向、营销质量和顾客价值认知关系研究模型，实证分析验证假设，案例研究
研究重点	市场导向、营销质量对顾客价值形成的影响
研究变量	市场导向、营销质量、属性价值、体验价值、目标价值
理论基础	手段-目的链理论
实证范围	以湖北省、河南省、广东省、浙江省、河北省为主的省市
研究对象	制造业企业
时间构面	横断面
研究方法	理论推导、定性访谈、问卷调研、SPSS13.0和LISREL8.70分析、案例研究

第三节 研究内容和研究技术路线

一、研究内容

从研究的概念框架图可知，本书研究市场导向、营销质量和顾客价值之间的关系，全书研究的主要内容的内在逻辑关系如图1-2所示。

本书研究的主要内容如下：

首先，问题的提出。该部分为全书的导论，阐述了本研究的研究背景、动机、目的、范围、内容及技术路线。

其次，理论研究。该部分为本研究的理论基础，对顾客价值理论研究、顾客价值驱动因素研究的相关文献进行了梳理，并对研究现状作出了研究总评，在此基础上，提出了本研究的主题：市场导向、营销质量与顾客价值关系研究。

第三，实证研究。该部分为本研究的实证分析阶段，进行了研究模型设计，提出了研究假设，对研究变量进行了定义，对研究模型进行了数据分析与解释。

第四，案例研究。该部分为本研究的企业实践活动验证，针对研究模型相关变量内容，选取了马应龙药业集团进行案例研究和分析。

第五，研究结论。该部分为本研究的研究总结，陈述了研究结论，提出了营销管理借鉴，并对本研究的创新、局限以及未来研究方向进行了阐述。

二、研究技术路线

技术路线是引导本研究从选题、构思一直到得出结论的总体性研究规划。采用的技术路线如图1-3所示。

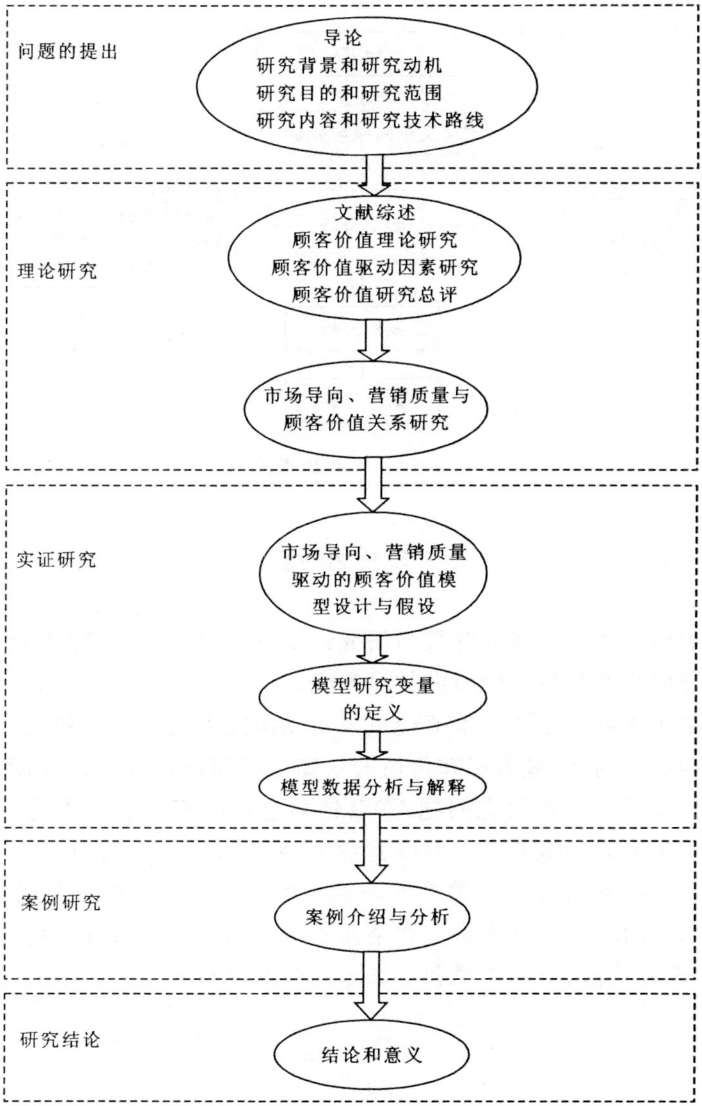
问题的提出
导论
研究背景和研究动机
研究目的和研究范围
研究内容和研究技术路线
理论研究
文献综述
顾客价值理论研究
顾客价值驱动因素研究
顾客价值研究总评
市场导向、营销质量与顾客价值关系研究
实证研究
市场导向、营销质量驱动的顾客价值模型设计与假设
模型研究变量的定义
模型数据分析与解释
案例研究
案例介绍与分析
研究结论
结论和意义

图 1-2 研究内容框架

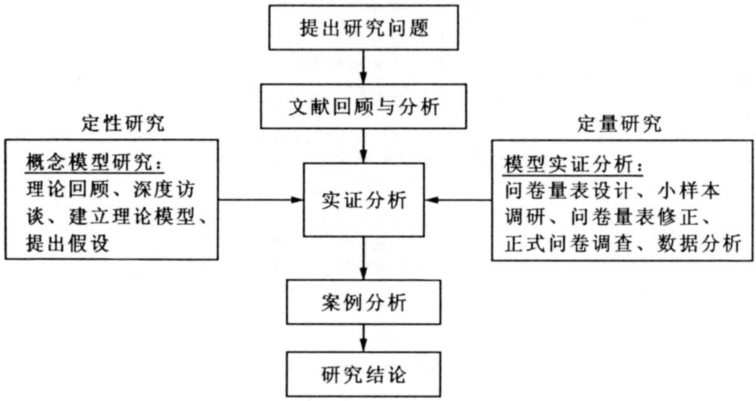

图 1－3　研究技术路线

本章小结

本章主要介绍研究背景与研究动机、研究目的与研究范围、研究的主要内容及所采取的研究技术路线。

基于学者们在顾客价值理论与实践研究中值得思考和探讨的三个方面的问题：①顾客感知价值的认知过程问题；②市场导向理论与顾客价值理论关系研究问题；③营销质量与顾客价值理论关系研究问题。本书以制造业企业为研究对象，目的在于通过对市场导向、营销质量和顾客价值之间关系的理论模型的构建和实证分析研究，探讨市场导向环境下顾客价值在全面质量营销中的外部营销系统的运作，为顾客价值、营销质量和市场导向的理论和实践研究作出贡献。

第二章　文献综述

顾客价值相关理论已经引起了众多学者的研究兴趣，研究内容丰富，存在一些不同的见解。本章的文献综述将遵循本研究的需要，对国内外顾客价值理论的相关研究文献从顾客价值理论研究和顾客价值驱动因素研究两个方面进行回顾和梳理，在此基础上进行研究总评。

第一节　顾客价值理论研究

价值的概念出现在众多学科之中，如经济学、会计学、金融学、战略管理、生产管理等。市场营销学的研究中，学者们更多的是用顾客价值、顾客感知价值、顾客期望的价值、顾客预期价值、顾客让渡价值、顾客资产、顾客终身价值、顾客关系价值这样的术语来描述。对顾客价值的理解不仅存在多角度，对其构成要素和驱动因素的认识更是多样，而且形成了一些关于顾客价值的理论模型。

一、顾客价值研究的视角

20 世纪 80 年代以来，顾客价值理论一直是营销学者们研究的热点问题，存在着研究对象的差异。法国学者 Ulaga(2001)在《产业市场营销管理》的顾客价值期刊专题中总结到，对顾客价值的研究存在三种视角：顾客视角、企业视角、顾客-企业视角(图 2－1)。

(一)顾客视角的顾客价值研究

顾客视角的顾客价值研究是顾客价值研究中涉足最为广泛的领域。很多学者集中于这一领域的研究和拓展。国外代表人物有 Zeithaml，Jakson，Morris，Gale，Albrecht，Woodruff 等。虽然他们

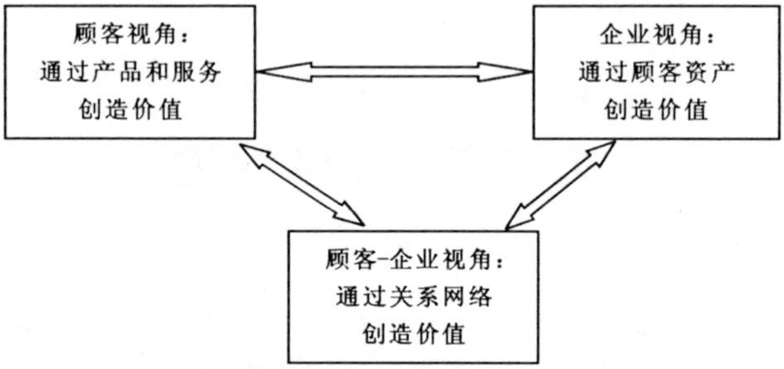

图 2－1　顾客价值研究的三种视角

（资料来源：Wolfgang Ulaga，Customer Value in Business Markets. *Industrial Marketing Management*，2001,30:315～319）

对价值的构成以及提法存在差异，但共同之处在于均将顾客价值看作是顾客理解的与企业的产品或服务相关的价值，是产品和服务所带来的价值。Jakson（1985）称之为价值（Value）①，Gale 等学者（1994,1998）称之为顾客价值（Customer Value），科特勒（1999，2003,2006）称之为顾客让渡价值（Customer Delivered Value）和顾客价值，Zeithaml（1988）称之为顾客感知价值（Customer Perceived Value，CPV），Woodruff（1997）则用顾客期望价值（Desired Value）和顾客实收价值（Received Value）来描述。

顾客视角的顾客价值强调从顾客的角度评价企业相对于竞争者而言所提供给顾客的价值，该方面的研究主要受全面质量管理理论研究和竞争优势理论研究的影响。这类研究常常与产品和服务质量、顾客价值管理、顾客满意、顾客忠诚理论、竞争战略的研究联系在一起，关注顾客对企业的产品或服务的需求，探讨企业对顾客所提供的价值的内容、构成方式以及相关因素。详细内容在本章后续相关部分论述。

①Jakson，B. B. Build Customer Relationship That Last. *Havard Business Review*，1985，pp. 120～128.

(二)企业视角的顾客价值研究

企业视角的顾客价值研究则是从企业的角度出发分析价值的含义。早期,学者们对企业视角的顾客价值的认识主要是以经济利益为出发点,将顾客价值看作是企业的资产,称为"顾客资产(Customer Equity)"(Blattberg and Deighton, 1996; 科特勒, 2006)。Sudharshan & Sanchez(1998)认为它是顾客作为资产在将来为企业带来收益机会的价值;Abram(1998)认为这种顾客资产所定义的顾客价值是顾客带给企业长期的经济价值总量,Carl Sewell and Brown(1990)称之为顾客潜在终身价值;Blattberg and Deighton 称之为顾客终身价值(Customer Lifetime Value, CLV)[①];Hoekstra & Hulzingh(1999)认为它是顾客与企业关系的整个顾客生命周期的过程中,单个顾客对企业费用和成本的直接贡献(交易)和间接贡献(推荐作用、新产品研发建议等)的全部价值的总和;Angus Jenkison(1995)设计了 CLV 的通用计算公式。

企业视角的研究重点是关注顾客对企业的相对重要性(郝春晖,2007),以便通过客户关系管理(CRM)活动的开展,在满足顾客需求的同时,实现企业盈利最大化的目标。Hallberg(1995)在其研究中明确指出,不是所有的顾客细分市场都能带来同等的顾客终生价值,企业应当关注能够获利的顾客细分市场。Rust 等(2000)分析了如何运用顾客终生价值重塑企业战略的方式来驱动顾客资产,而 Blattberg 等(2001)、Hogan 等(2002)也指出企业在关系管理的活动中,应将顾客资产当作企业有价值的财产来进行管理[②]。Niraj 等(2001)则从产业市场供应链的角度,提出了顾客盈利能力的模型和

---

①Blattberg 和 Deighton 是较早研究顾客终生价值的学者,他们在此方面发表了许多有影响的论文。

②Peter C Verhoef 撰文对 Rust 等人的《Driving Customer Equity: How Customer Lifetime Value is Reshaping Corporate Strategy》一书和 Blattberg 等人的《Customer Equity: Building and Managing Relationships as Valuable Assets》一书进行了比较,认为两者在顾客关系管理研究方面起到了互补作用,前者关注的是顾客资产的决定性因素的研究,后者关注的是顾客资产的企业相关行为的研究。

测量方法。Blattberg、Malthouse and Neslin(2009)等回顾国外学者对 CLV 的相关研究成果，作出了总结：认为企业的营销活动（如定价、促销、顾客购买中得到的回报），以及顾客满意、交互式购买(Cross-buying)和多渠道的购买方式(multichannel purchasing)等，都和 CLV 相关①。

我国研究者对 CLV 的研究大量体现在对 CLV 的测量模型的探讨中（如李东进、张春雨，2006；周露阳，2006；段燚，2007；吴政、覃正、卢致杰，2005）。此外，刘志强博士(2008)在对电信市场的研究中，借鉴国内外学者的研究成果，将客户价值定义为企业能够感知到的来自客户的当前及未来为企业创造直接利润和间接利润的总体能力，构建了适合中国电信市场的客户价值度量模型，为电信行业营销再造提供了有价值的思考②。王玮彦(2002)从 CLV 的定义、计算公式和测量步骤分析，指出 CRM 绩效管理的核心目标是实现企业的顾客群的顾客终生价值最大化。吴政等(2005)探讨了 B2C 电子商务网站个体客户终生价值的量化问题，提出了一种新的简便建模方法，使 CLV 在实际的 B2C 图书电子商务网站 CRM 系统中得到了较好的应用。罗青军、何向东(2005)则认为，CLV 由已实现价值(RV)和未来价值(FV)构成，并以此将顾客分为四种不同的类型，针对每一类型的顾客，提出了企业应采取的不同的营销管理策略。近几年来，研究者更多的是结合具体行业的特点，从价值链的理论出发，探讨顾客资产的管理方法和措施（冯仁德，2005；张庆云等，2008；孙士焱，2007；牟伟，2007③；李海莉，2009④）；张世新等(2006)则从顾客

---

①Blattberg、Malthouse 和 Neslin 在"Customer Lifetime Value: Empirical Generalizations and Some Conceptual Questions"一文中认为：顾客满意与 CLV 有正向的联系；营销活动、交互式购买和多渠道的购买都与较高的 CLV 相关。

②刘志强. 电信个人客户价值度量研究，同济大学博士论文，2008 年。

③牟伟. 顾客价值管理理论在 SN 通信技术西南分公司的应用研究，重庆大学硕士论文，2007 年。

④李海莉. 基于客户价值的移动商务价值网价值促生机制研究，吉林大学博士论文，2009 年。

价值链的角度分析了如何进行有效顾客价值管理、提升顾客价值并增强企业的竞争优势；倪自银(2007)以面向顾客价值的视角，提出了市场资产管理的框架，探讨了市场资产管理与企业竞争优势的关系[①]。

(三)顾客-企业视角的顾客价值研究

顾客-企业视角的顾客价值则是从上述两个方面出发，探讨顾客价值的内涵。早期，该视角的研究主要源于关系营销理论的产生和发展，用关系营销理论内容解释顾客价值。Gronroos(1997)在论述关系营销思想时指出，关系营销就是使顾客必须感知和欣赏到持续关系中所创造的价值。他认为顾客在感知价值时除了关注企业的供应物之外，还应关注相互间的整体关系；顾客价值不仅来源于核心产品和其附属服务，还应包括维持关系所做的努力，企业可以通过发展良好和持续的顾客关系来创造顾客价值(刘石兰，2008)[②]。Rust、Zeithaml and Lemon(2000) 在研究顾客资产时，也将关系资产看作是企业顾客资产的三大来源之一[③]。

关系营销价值研究主要有三大流派。欧洲的 IMP(Industrial Marketing and Purchasing)产业市场营销流派、美国(American School，也称 Emory)及北欧(Nordic School)服务市场营销流派和以英国学者为主的消费品市场营销流派。各流派纷纷从自身研究的领域出发，对营销中的关系价值进行了研究。其中，产业市场营销流派的学者十分注重从企业关系营销实践出发，探讨关系活动中的价值创造问题。Wilson(1995)提出了买卖双方关系的整合模型，Holm等(1999)通过对爱立信瑞典无线电机构与东京数字电话的合作研究，提出并验证了组织市场中价值创造的途径。与此同时，Christopher、Payne、Ballantyne 及 Peck 等从事消费品市场关系营销研究的

①倪自银. 面向顾客价值的市场资产管理与竞争优势研究，南京理工大学博士论文，2007年。

②刘石兰. 国外顾客价值研究的新进展，价值工程. 2008 年第 5 期。

③Rust 等人研究中认为，顾客资产的前置变量有三个，即价值资产、品牌资产和关系资产。

学者出版了一些专著，提出了将质量、顾客服务和市场营销相统一(Christopher、Payne & Ballantyne，1991)，以及顾客价值链的管理才是关系营销的精髓思想(Peck、Payne、Christopher & Clack，1999)。关系营销中的顾客价值研究主要服务于顾客关系管理的需要。顾客关系管理的流程就是顾客价值链创造的过程，研究中对关系价值的评价通常还是来自于顾客的感知。

当今，随着顾客关系管理和顾客价值管理理论研究的深入，顾客-企业视角的顾客价值研究内容呈现出多样化的趋势。一方面，一部分学者尝试将供应商试图提供的价值和顾客期望和感知的价值联合起来，分析顾客价值的创造问题。Jeanke 等(2001)曾经提出公司和顾客在购买决策过程中的价值认知的差距模型，认为从满足顾客需求的目的出发，公司对顾客所需要的价值感知和顾客自身的感知是有差距的。Jeanke 等通过对 BTB 市场中技术型公司的顾客价值差距分析，呼吁产业市场营销中新产品和服务的设计应该融入顾客的声音(Voice of the customer)，以缩小这种认知的差异，更好地满足顾客需求。我国学者侯伦和唐小我(2008)在 Jeanke 上述研究的基础上，进一步细致定性分析了企业和顾客对于价值认知的差距，为顾客关系管理工作提供了新的思考。另一方面，有学者将顾客视角顾客价值和企业视角顾客价值进行结合研究，探讨顾客价值管理问题。范绪泉博士(2004)在顾客价值管理过程的研究中，将顾客感知价值和顾客对企业的价值结合起来，将顾客感知价值和顾客资产植入价值网络理论的框架之中，分析并提出了顾客价值管理的内容①。张进智博士(2008)从相同视角出发，构建了顾客资产驱动模型，提出了顾客资产的驱动要素②。

由上面的分析可知，对顾客价值的理解存在多视角，不同视角下研究的内容存在显著差异，而且对其含义的理解和理论模型的构建

①范绪泉. 顾客价值管理研究，武汉大学博士论文，2004 年。

②张进智. 关系视角的顾客资产驱动要素研究，山东大学博士论文，2008 年。

思想差异很大。本书实证研究中所探讨的顾客价值是指顾客感知的价值，因此，对顾客价值的含义及其理论模型的构建将从顾客感知角度进行分析。

二、顾客价值含义研究

我国学者董大海(2003)在其对顾客价值的研究中指出，顾客价值的含义最早始于 Jackson 对价值的理解。Jackson(1985)认为，价值是感知到的利益与价格之间的比率，虽然他使用的是“价值”一词，但其含义是顾客价值。之后，一些学者从自身研究的需要出发，对顾客价值的概念进行了描述，从各种角度阐述了对顾客价值概念的理解和认识。

(一)权衡论

1. 质量-价格权衡论

营销学的研究中，顾客价值常被看作是质量和价格的权衡(Zeithaml，1988；Bolton etc，1991)，是这两大因素比较的结果。只不过在对这两大因素的具体含义的探讨中，学者们的观点不尽相同。

Morris(1994)认为顾客价值就是顾客感知到的质量与价格之间的函数，突出了质量是顾客感知的结果，而不是企业自身对其产品的效用评价。Gale(1994)有着相似的观点，他将顾客价值定义为“相对于产品价格的市场感知的质量”。

Desarbo 等则强调质量和价格这两大要素都应该是顾客的感知认识，他们认为顾客价值是感知质量和感知价格的权衡(Desarbo，Jedidi and Sinha，2001；Monroe，1990；Zeithaml，1988)。其中，感知质量(customer-perceived quality)被界定为顾客对产品的总体优越性(overall excellence or superiority)的评价(Zeithaml，1988)，感知价格(customer-perceived price)则被定义为顾客针对产品客观价格的主观感知(Jacoby 和 Olson，1977)。

2. 利得-利失权衡论

也还有不少学者认为构成顾客价值的两大因素用质量和价格来

描述过于简单，于是提出了顾客利得和顾客利失两大因素(Flint、Daniel、Woodruff、Robert，1997；Ulaga、Chacour，2001)。顾客利得(perceived benefits)被描述为产品带给顾客的各种效用或利益，顾客利失(perceived sacrifices)则被看作是顾客为了利得而牺牲的利益，有时候用顾客付出的各种成本来描述。如顾客价值是顾客获得的利益与付出的成本的差额(Higgins，1998)。

Zeithaml在服务市场的营销研究中，提出了顾客感知价值(Customer-perceived Value，CPV)[①]。她在研究中发现，以往学者如Bishop (1984)，Doyle(1984)，Jacoby和Olson(1985)，Sawyer and Dickson (1984)，Schlechter(1984)等，他们对于感知的价格、质量和价值是影响消费者购买行为和对产品的选择的决定性因素的研究与认识虽然达成了共识，但对这些概念如何界定缺乏定论(Zeithaml，1988)。于是，Zeithaml在他人研究的基础上，通过文献归纳及探索性观察研究，将CPV定义为顾客在感知利得和感知利失基础上对产品总体效用的评价(Zeithaml，1988)。这一定义得到了较为广泛的认可。Monroe(1990)则用买方感知价值来描述了相同的概念，只不过他认为买方感知价值是顾客感知利得和顾客感知利失之间的比率。

有些学者更是用自己的方式进一步地阐释了对利得、利失的理解。科特勒(1999)在其《营销管理：分析、计划、执行和控制》一书中使用了顾客让渡价值(Custoner-delieved Value，CDV)的术语解释顾客价值[②]，他认为顾客让渡价值就是总顾客价值与总顾客成本之差。总顾客价值就是顾客从某一特定的产品或服务中获得的一系列利益，包括产品价值、服务价值、人员价值和形象价值。总顾客成本

---

①Zeithaml V A.，Consumer Perception of Price，Quality and Value：A Means-End Model and Synthesis of Evidence. *Journal of Marketing*，1988，Vol. 52(July)，pp. 2～22.

②菲利普·科特勒著，梅汝和，梅清豪，张桁译. 营销管理：分析、计划、执行和控制(第9版). 上海：上海人民出版社，1999年，第25页。

是在评估、获得和使用该产品或服务时引起的顾客预期费用，包括货币、时间、精力和体力成本。Anderson 等(1993)认为，价值是顾客对产品的一种相对于购买价格而言的感知效用，这种效用可以体现在经济、技术、服务和社会效益等诸多方面。

(二)满意论

顾客价值理论的研究常常与顾客满意理论的研究结合在一起，出现了一些从研究顾客满意理论需求出发的顾客价值内涵的解释。Reynolds(1985)认为，顾客价值是"在最低的获取、拥有和使用成本之时所要求的顾客满意"。Albrecht(1994)将顾客价值定义为"顾客对某一特定需求被满足程度的感知"。

(三)偏好层次论

从事顾客价值研究的有影响力的学者 Woodruff(1997)在其代表性的论文《顾客价值:下一轮竞争优势的源泉》中，对顾客价值作了这样的定义:顾客价值是顾客对产品属性、属性的绩效和在一定的使用情境中源于运用促进或阻碍顾客目标和目的实现的结果的感知偏好和评价①。

Woodruff(1997)指出，价值源于顾客对价值的认知、偏好和评价，是一个层级的(Hierarchy)结构。他特别强调使用情境对顾客期望、顾客评价的影响，认为一旦顾客使用的情境发生变化，产品的属性、结果、目标和目的间的关联就会随之改变。

Albrecht 在论述中同样也提出了顾客价值的层级性的特点。他指出实际生活中顾客对产品的需求是有层次性的，依次为基础的(Basic)需求、预期的(Expected)需求、渴望的(Desired)需求和未料想到的(unanticipated)需求。Albrecht 对顾客价值的这种认识给企业一个较好的提示:企业要想提供较高的顾客价值，使顾客得到满足、满意甚至是愉悦，就应该在满足顾客的基础和预期需求的前提

---

①Woodruff B. R., Customer Value: the Next Source for Competitive Advantage. *Journal of the Academy of Marketing Science*, 1997, 25(2): pp. 139～153.

下，尽可能地使他们的渴望层和未料想层的需求得到满足，以此来形成独树一帜的差别化优势。董大海(2003)认为这种观点对企业的竞争优势有特别重要的意义。

(四)关系论

20 世纪 90 年代，随着关系营销学的兴起与发展，关系营销的思想在顾客价值的论述中得到了体现。Payne(1994)指出关系营销关注的是顾客价值，Moller 和 Halinen(2000)则指出关系营销的重点是顾客价值的创造问题。

关系营销学的代表人物北欧学者 Ravald 和 Gronroos(1996)则指出在价值过程中存在着全情景价值(Total Episode Value, TEV)。他们说："顾客价值是指在顾客使用产品或服务，并获得价值增值之后而产生的一种顾客与生产商之间的情感联系(emotional bond)"，认为关系营销就是使顾客必须感知和欣赏到持续关系中所创造的价值。由于关系是一个长期的过程，顾客价值将在一个长时间内出现。Butz 和 Goodstein(1996)认为，在顾客使用了公司提供的产品后，公司就建立了顾客与产品之间的情感联系，并发现产品为顾客提供了附加价值。

三、顾客价值理论模型研究

基于顾客价值含义的多样性，顾客价值概念模型也较多。而其中，站在顾客感知的角度来分析顾客价值的理论模型较受学者及管理者的推崇。笔者认为具有代表性的模型有：Kotler 的顾客让渡价值模型、Zeithaml 的顾客感知价值模型、Woodruff 的顾客价值层次模型、Ravald 和 Gronroos 的全情景价值模型以及 Jeanke 和 Onno 的顾客价值差距模型。下文对上述各种模型的结构和内容作出阐述。

(一)Kotler 的顾客让渡价值模型

Kotler 是营销学理论研究中最具权威性的学者。他在所提出的顾客让渡价值理论的阐述中使用了顾客让渡价值模型(图 2－2)。

他用产品价值、服务价值、人员价值和形象价值四种价值来反映总顾客价值，用货币成本、时间成本、精力成本和体力成本来反映总顾客成本，并指出："在一定的搜寻成本和有限的知识、灵活性和收入等因素的限定下，顾客是价值最大化的追求者。"顾客将从那些他们认为能够提供最高顾客让渡价值的公司采购商品[①]。

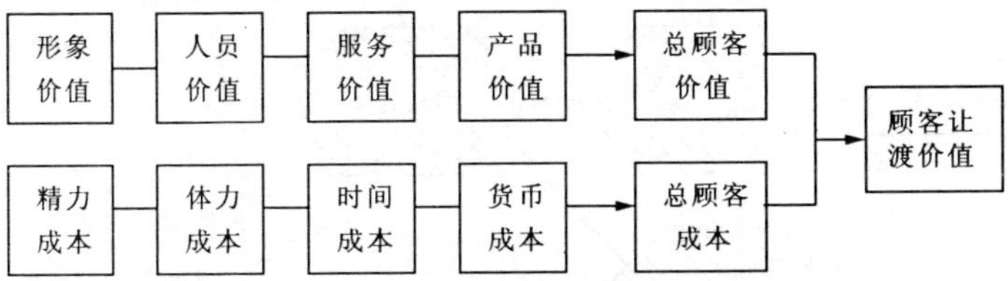

图 2－2　顾客让渡价值的决定因素

（资料来源：菲利普·科特勒．营销管理（新千年版·第十版），中国人民大学出版社，2001）

顾客让渡价值模型一方面理性化地解释了顾客选择产品供应商的原因，另一方面也为企业提供了实现最大化的顾客让渡价值的方法。

（二）Zeithaml 的顾客感知价值模型

Zeithaml 在给出顾客感知价值定义的同时，关注到 Monroe 和 Krishnan（1985）、Peterson 和 Wilson（1985）等就缺乏对顾客感知价值的可操作的测量程序和方法的研究给予的批评。她运用手段－目的链的模型描述了感知质量、价格与价值三个变量之间的关系，如图 2－3 所示。可以从下述三个方面对模型进行理解。

（1）感知质量被定义为顾客对产品的卓越性或优异性（superiority or excellence）的评价。感知质量是消费者基于产品本身功能的利益、到现实中的实际利益而最终形成的对产品的情感上的权衡。

①菲利浦·科特勒，凯文·莱恩·凯勒著，梅清豪译．营销管理（第 12 版），上海人民出版社，2006 年，第 155 页。

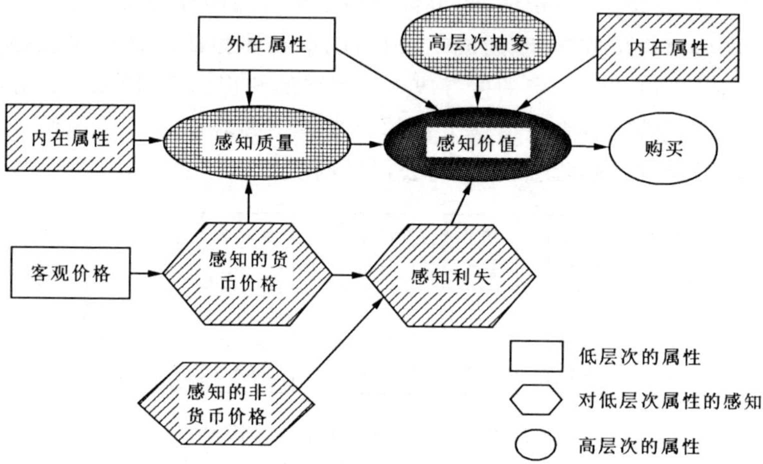

图 2-3 价格、质量和价值手段-目的链模型

（资料来源：Zeithaml V A.，Consumer Perception of Price，Quality and Value：A Means-End Model and Synthesis of Evidence. *Journal of Marketing*，1988，Vol. 52，pp. 2～22）

感知质量是一个远远高于产品功能特性的高层次的抽象概念。Zeithaml 用产品的内在属性（Intrinsic Attributes）和外在属性（Extrinsic Attribute）两个维度来描述。研究表明，消费者往往用一些较低层次的属性（反映产品本身的物理特性的一些指标，如特征、性能、规格、尺寸等）来描述产品的内部属性，而用一些和产品相关但不一定是产品构成的物理特性的指标来描述产品的外部属性，如价格、品牌、广告的水平等。

（2）感知价格被看作是顾客为了获取产品所作的付出或牺牲。顾客消费的过程中付出的不仅仅是购买产品的货币性的价格，诸如时间、投入的努力、搜寻、心理的付出等非货币性的因素（Zeithaml 和 Berry，1987），都是其感知利失的指标。

（3）模型在描述质量和价格的关系时，总结了相关学者的研究结果，认为顾客感知的货币价格是感知质量的一个评价指标，它对质量的影响不一定是正向的作用，影响的强弱也因产品的类型、顾客的细分群体的特征而有差异。

(4)模型中，依 Zeithaml 的定义，感知价值被看作是顾客在感知利得和感知利失基础上对产品总体效用的评价。价值是一个比质量还要高层次抽象的概念(Zeithaml，1988)。价值的利得构成中包括重要的内在和外在的属性、感知质量以及其他一些高层次的抽象的概念，而利失构成中有货币衡量的价格和非货币价格两个部分。而且，顾客对价值的感知还和他所处的购买阶段有关(Holbrook and Corfman，1985)，顾客在购前准备期、购买中和购后的消费阶段对价值的感知是有差异的。同时，感知价值会影响产品质量和顾客购买之间的关系。

(5)消费者在搜寻产品信息时会使用两种线索。产品的内在属性提供的线索为内在线索(Intrinsic cues)，它是产品特有的属性；而产品的外在属性提供的线索为外在线索(Extrinsic cues)，具有普遍性，如价格、广告、品牌等要素。

Zeithaml 的价格、质量和价值之间关系的手段-目的链模型是对过去相关研究成果的一个总结，它为质量和价值间关系的研究提供了方法，丰富了价值研究的内容。同时，在价格和质量关系的认识方面，将价格看作质量构成的外在指标之一，而且不一定是最重要的外在指标的观点，也是对顾客价值研究的一个重大研究贡献。

Zeithaml 的模型也对企业在管理实践中如何认识顾客价值、质量，如何去改善产品的质量、提高顾客的感知价值提出了一些具体可行的思路和方法。

(三)Woodruff 的顾客价值层次模型

与 Kotler、Zeithaml 等的顾客价值观点不同，Woodruff 是从一个动态的角度构建顾客价值模型的(董大海，2003)。他利用 Holbrook(1985)、Zeithaml(1988)等认为顾客对价值的感知受其所处的购买阶段的影响，以及 Sheth 等(1991)、Holbrook 等(1985)和 Burns 等(1993)认为价值是由多种维度构成的观点，提出了前面曾经提到的偏好层次论的顾客驱动的顾客价值概念的定义，并构建了顾客价值层次模型(Customer Value Hierarchy Model)，如图 2－4 所示。该模型描述了顾客期望的价值和实收价值的层次对应关系和各层次顾客价值的构成。可以从两个要点上理解 Woodruff 的层次模型。

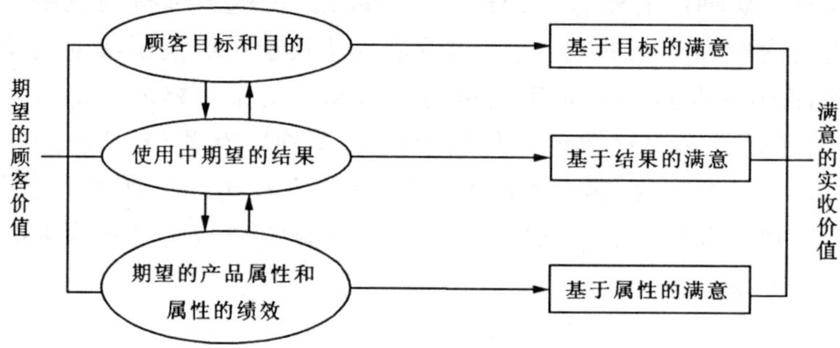

图 2－4 顾客价值层次模型

(资料来源：Woodruff B. R.，Customer Value：the Next Source for Competitive Advantage. *Journal of the Academy of Marketing Science*，1997，25(2)：pp. 139～153.)

(1)Woodruff 借用了 Olive(1997)在研究中提出的观点，认为顾客对价值的感受在购买消费某一产品的前后是不完全一样的，存在渴望价值(Desired Value)和实收价值(Received Value)两种价值形式。Woodruff 以图 2－4 中所示的方式将这两种价值融合在一起来考虑。使用前的期望价值表现为对产品属性、属性的绩效、使用中的结果、目标和目的的认识，使用后的实收价值表现为对上述各方面的满意的感受，他认为可以用顾客对各层级阶段的满意来评价所感受的价值。

(2)Woodruff 运用手段-目的链理论，将顾客对价值的期望看作是一个层级的结构，如图 2－4 左半部分所示。从层级的底部开始，顾客起初把产品看作是一系列属性和属性绩效的集合。而当购买和使用产品时，他们会将对某些属性的期望和结果以使用中的价值或拥有的价值的形式反映出来。最后,在层级的最上层,顾客还会根据自身的目标和目的,期望某些更深层次的结果。反过来,模型从上往下分析,顾客运用其所想达到的目标和目的,会重点关注使用中的某些结果,同样,这些对顾客来说重要的使用结果又会指导顾客对产品的某些重要属性或属性绩效的重视(Woodruff, 1997)。

从顾客价值层次模型的原理出发,Woodruff 提出了顾客价值的确定程序(Customer Value Determination Process),如图 2－5 所示。该程序告诉企业在顾客满意管理实践中应了解顾客的哪些需求和价值,如何去开展这些工作。

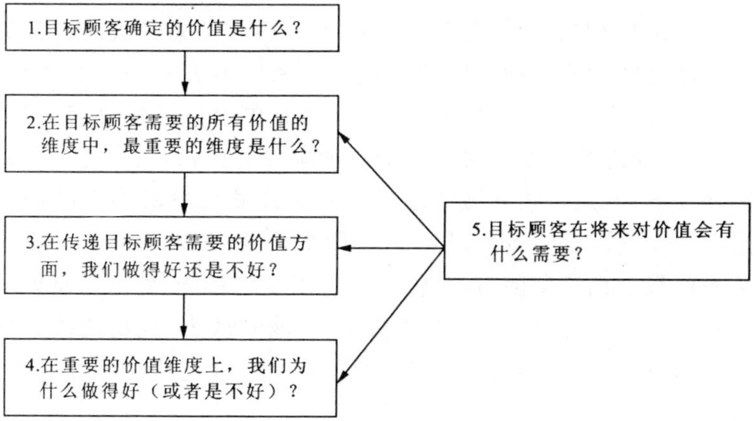

图 2－5 顾客价值确定程序

(资料来源:Woodruff B. R., Customer Value: the Next Source for Competitive Advantage. *Journal of the Academy of Marketing Science*, 1997,25(2), pp. 139～153.)

总的来说,Woodruff 的顾客价值层次模型动态地反映了顾客感知价值的变化过程,能够便于深入理解顾客价值形成的内在机理,详细分析影响顾客价值的各种内在因素,丰富了顾客价值理论研究的内容,对企业通过提供卓越的顾客价值使顾客满意,从而获取竞争优势提供了思考方法和路径。

(四)Ravald 和 Gronroos 的全情景价值模型

Ravald 和 Gronroos(1996)的全情景价值模型则是从关系营销研究的角度来探讨价值。他们用三个等式表明了全情景价值相关变量之间的关系：

$$全情景价值=\frac{(情景利得+关系利得)}{(情景利失+关系利失)} \tag{2-1}$$

$$顾客感知价值(CPV)=\frac{(核心解决方案+附加服务)}{(价格+关系成本)} \tag{2-2}$$

$$顾客感知价值(CPV)=核心价值\pm 附加价值 \tag{2-3}$$

Ravald 和 Gronroos 认为，构成顾客价值的利得和利失除了要考虑一定的使用情景外，还应考虑关系利得和关系利失对价值的影响。顾客感知价值的动态性的变化与关系成本有关，式(2-2)中的价格是产品的客观存在的价格，它原则上在产品送货时交付(刘石兰，2007)，而随着核心解决方案和附加服务的提供，所发生的关系成本是变化的，并且呈边际成本递减趋势。而式(2-3)中反映的价值构成中，核心价值(Core Value)外的附加价值(Added Value)也是随着关系的发展而变化的，这种价值既可以是增加的(建立了良好的顾客关系)，也可能是降低的(关系恶化)。他们认为，成功的关系营销战略要求在关系营销计划过程中同时考虑这三个方面(刘石兰，2007)。

全情景价值模型的提出，将关系营销的思想纳入顾客价值理论体系，使顾客价值构成的要素更加全面，由于关系是发展变化的，这便又一次说明价值具有动态化的特点。

(五)Jeanke 和 Onno 的顾客价值差距模型

Jeanke 和 Onno 在对产业市场的顾客价值研究过程中，提出了他们对顾客价值的思考，如图 2-6 所示。他们认为对顾客价值存在公司的感知和顾客自身的感知两个方面。感知价值是一个动态的概念，随着时间的发展而变化。

从公司的角度而言，在业务发展之初，即产品和服务的构想阶

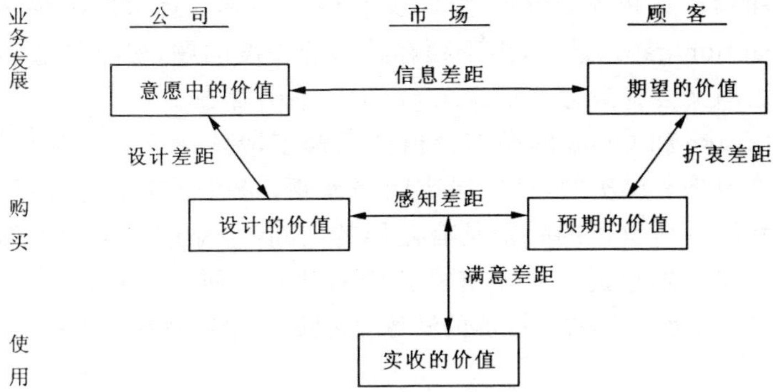

图 2-6 顾客价值差距模型

(资料来源:Jeanke W. van der Haar, Ron G. M. Kemp and Onno Omta, Creating Value that Cannot Be Copie. *Industrial Marketing Management*, 2001, Vol. 30, Issue 8, pp. 627～636.)

段,公司基于对顾客期望的分析,对即将设计的产品和服务的价值有一个模糊的意向,即图中的意愿价值(Intented value),而实际设计出的产品和服务所提供的价值(设计价值,Designed value)和意愿价值之间是会存在差距的。

从顾客的角度而言,起初会对公司的产品和服务的价值有一个期望(期望价值,Desired value),而当产品和服务出现在市场中后,他们会面对实际的产品和服务,根据自己的感知形成新的预期,即图中的预期的价值(Expected value),这一预期价值和开始时的期望价值之间是存在差距的,笔者将之译为折衷差距(Compromise gap)。顾客在购买、使用了产品和服务之后,会形成最终的评价,这就是实收价值(Received value)。

从图 2-6 中可以看出,公司认知的顾客价值和顾客认知的价值之间在业务发展的不同阶段都是存在差异的。初始阶段,由于公司和顾客之间信息沟通的问题,对价值的初步设想存在信息差距(information gap);产品和服务推向市场后,公司希望通过设计提供的价值和顾客感知到的价值之间，又会由于顾客的理解产生感知差距(perception gap)；最终，由于顾客满意的程度问题，实收价值和上述价值之间又会有满意差距(satisfaction gap)存在。

Jeanke 和 Onno 的顾客价值差距模型清楚地反映了两个问题：一是价值是有层次的，存在层次间的差距，是一个动态的过程；二是公司和顾客对价值的感知是有差异的，在各个对应的层次上都存在差距。这一思想提示企业重视新产品开发和研究中对顾客的关注，努力缩小各种差距，提高顾客的满意度，使顾客最终感受到较高的价值。

第二节 顾客价值驱动因素研究

顾客对价值的感知是通过企业所提供的产品和服务的相关要素实现的。一方面，感知客体的差异——产品和服务的相关因素的特性差异，会影响顾客对价值作出的判别。另一方面，感知主体的认知差异——顾客之间的以及顾客自身因环境差异而产生的对产品和服务的认识的不同，也会影响对价值的感知。除此之外，对价值的提供者——企业而言，其创造顾客价值活动所涉及的因素，同样会影响顾客价值。回顾顾客价值研究成果，顾客价值驱动因素研究可以归为两大类：内在驱动因素研究和外在驱动因素研究。

一、内在驱动因素研究

(一)质量和价格

顾客价值的内在驱动因素表现为产品和服务的相关要素对顾客感知价值时产生的影响。早期的研究认为，消费是一种理性的行为，消费者的需求和产品与服务的质量、价格因素直接相关。对此，学者们做过大量的研究，如上述的各种顾客价值含义及概念模型通常表现为与产品和服务相关的固有属性，产品质量、服务质量、价格被看成是顾客感知价值的主要构成要素(Parasuraman, 2000)。杨龙、王永贵(2002)认为这三大要素是顾客价值的关键驱动因素。刘石兰博士(2007)在其研究中将之归为顾客价值的属性驱动因素。

(二)利得与利失

也有学者在研究中将质量和价格归属为利得与利失两个方面的内容。Ravald 和 Gronroos 认为顾客价值是各种利得和利失的函数[式(2-1)～式(2-3)]。Kotler 用顾客总价值和顾客总成本来描述,称之为顾客价值的决定因素(图 2-2)。Zeithaml 将感知质量、感知利失(图 2-3,主要由价格因素构成)归为顾客感知价值的内在属性,杨龙、王永贵(2002)在对顾客价值研究总结中认为,产品质量、服务质量和价格因素可以归为两类:感知利得和感知利失[①]。其中,感知利失是指顾客在购买过程中所面临的各种成本,除购买价格之外,还有获得成本、运输成本、安装成本、订购成本、维护修理成本以及采购失败或质量不尽如人意所产生的风险;而感知利得则包括产品的物理属性、服务属性以及可获得的技术支持等。基于这种认识,企业欲提升顾客价值,应该从上述因素着手,增加感知利得,减少感知利失。

二、外在驱动因素研究

顾客价值除受到与产品和服务相关的内在因素驱动外,还受到许多外在因素的影响。一方面,Sheth 等(1991)、Holbrook 等(1985)和 Burns(1993)等认为价值的构成存在多种维度;另一方面,营销环境要素的某些具体特征也会影响顾客价值。当今,随着研究的深入,从顾客价值的形成过程研究中发现和分析顾客价值影响因素或驱动因素的研究越来越多。例如,Wolfgang Ulaga(2001)认为顾客价值的驱动因素可以分为产品相关特性、服务相关特性和促销相关特性三大类,除产品和服务的属性特点外,强调了企业的市场活动行为对顾客的影响。刘石兰博士(2007)则认为顾客价值的驱动因素可以归为属性驱动因素、行为驱动因素和环境驱动因素三类,她指

①杨龙,王永贵. 顾客价值及其驱动因素剖析,《管理世界》,2002 年第 6 期。

出除产品和服务的固有属性影响顾客价值外，企业的市场导向、组织学习、组织创新和价值链等行为，以及营销环境的其他各种因素都会影响顾客价值。相关研究成果如表 2-1 所示。学者们从消费心理和行为学研究、营销战略研究、营销组合策略研究等方面对此问题都进行了探讨，但没有形成统一的结论。本文从研究需要出发，试图从顾客特性、购买阶段、企业资源和能力、营销质量四个方面进行归纳和总结。

(一)顾客特性

顾客特性对顾客价值的影响的相关研究较多。在消费行为学的研究中，愈来愈多的研究发现消费需求之中还涉及到趣味、愉悦、感觉、美学、情感等因子(Hirschman & Holbrook，1985)，即消费需求既可能是理性的选择，同时，也可能是消费者在消费心理作用下的主观意愿，受文化、社会、个人、心理因素的影响(科特勒，2003)[①]，是营销中的顾客体验(Bemd H Schimtti，1999)[②]。由于个体差异的存在，消费中所获得的情感体验不尽相同，会有差异存在。因此，在描述消费价值时，Hirschman & Holbrook(1985) 认为是效用价值和享乐价值的体现。Sheth、Newman 和 Gross (1991)认为是和产品的感知效用相联系的五个维度：社会的、情感的、功能的、认知的、情境的价值(social，emotional，functional，epistemic and conditional value)[③]，其中，除功能性价值是消费者对产品和服务的固有属性的认知外，其余四个维度都是来自消费者在消费过程中的情感体验。Ravald&Gronroos(1996)则认为顾客价值是全情景价值。我国学

①科特勒从文化、社会、个人、心理因素四个方面分析了购买者特征对购买行为的影响。

②Bemd H Schimtti 被认为是最早提出体验营销概念的学者。他认为体验营销中顾客的体验包括感官体验、知觉体验、认知体验、行为及生活方式的体验和从相关团体或文化而来的社会地位的体验(关联体验)。

③Hirschman & Holbrook 以及 Sheth 等在研究中，均使用消费价值(consumption value)表述顾客价值，用之反映在消费过程中影响顾客消费行为的价值因素。

表 2－1 顾客价值外在驱动因素研究概况

论文题目	作者	主要观点	研究领域
Consumer Perception of Price, Quality and Value: A Means-End Model and Synthesis of Evidence.	Zeithaml(1988)	感知质量是感知价值的前提，感知质量和感知价值受到一些和产品质量相关的内在属性和外在属性的影响	消费心理学和消费者行为学研究
The American Customer Satisfaction Index: nature, purpose and findings	Fornell C, Johnson M D, Anderson E W, Cha J, Bryant BE(1996)	顾客期望是顾客感知价值的前置因素之一	
The value concept and relationship marketing	Ravald & Gronroos(1996)	顾客价值是全情景价值，包括核心价值和附加价值	
顾客价值及其评估方法研究	王锡秋(2005)	顾客价值可以用三个维度衡量：经济价值、功能价值和心理价值	
西方顾客价值研究理论综述	叶志桂(2004)	顾客价值作为顾客感知价值，所有影响顾客感知的因素都可能成为其驱动因素	
Advances in Consumer Research	Hirschman & Holbrook(1985)	消费价值是由效用价值和享乐价值构成的	
Customer Value: the Next Source for Competitive Advantage	Woodruff(1997)	顾客价值具有层级的特点，顾客在购买过程的不同阶段，对价值的感受是不同的	
"Quality and Value in the Consumption Experience: Phaedrus Rides Again"	Holbrook and Corfman(1985)	顾客对价值的感知与他所处的购买阶段有关	
Ethical Customer Value Creation: Drivers and Barriers	Grace Tyng-Ruu Lin and Jerry Lin(2006)	驱动企业的价值创造的因素有三类：员工、价值创造过程和顾客，各因素有一些具体的评价维度	营销竞争战略研究
A contingent approach to the design of vendor selection systems for different types of co-operative customer/supplier relationships	Masella and Rangone (2000)	供应商的能力和资源是评估其未来价值创造潜力的关键指标	

续表 2-1

论文题目	作者	主要观点	研究领域
Customer-perceived value in industrial context	Lapierre(2000)	供应商形象、信誉，供应商和顾客的团结程度是影响顾客价值的关键因素	营销竞争战略研究
Managing brand equity	Peter & Farquhar(1990)	品牌权益是指“对企业、经销商或者消费者而言，品牌赋予产品的附加价值”	
Market-Driving Organizations: A Framework	Carrilat, Jaramillo & Locander (2004)	企业可以通过改进组织的系统、战略等因素而提升顾客价值	
Role of competences in creating customer value: a value-creation logic approach	Moller(2006)	供应商的资源和能力影响顾客价值的创造	
Building competences for new customer value creation: An exploratory study	Liselore Berghman, Paul Matthyssens & Koen Vandenbempt (2006)	组织对知识的吸收能力、总体竞争力和供应链/网络的竞争力是影响驱动市场型组织创造新的顾客价值的三大因素	
西方的顾客价值研究及其实践启示	白长虹(2001)	品牌权益也是一个日益重要的顾客价值驱动因素	
品牌权益及其测评体系分析	范秀成(2000)	品牌权益为企业以往在品牌方面的营销努力中产生的赋予产品或服务的附加价值	
基于能力的顾客关系管理研究	周亚庆(2002)	企业必须具备使用资源价值或使资源增值的能力，才能为顾客创造出卓越的价值	
企业高层领导行为与顾客价值创造的关系	柳铮(2009)	企业高层的领导行为会通过中层及员工的行为影响顾客价值	
A model of value creation: Supplier behaviors and their impact on reseller-perceived value	Simpson, Siguaw and Baker(2001)	影响顾客价值的因素有相关因素、产品/质量/价格因素、渠道因素、服务和支持因素	营销组合策略研究
Customer Value in Business Markets	Wolfgang Ulaga (2001)	除产品相关属性、服务相关属性外，促销相关属性也会影响顾客价值	

资料来源：笔者根据相关文献整理。

者王锡秋(2005)在其顾客价值及评估方法研究中用心理价值作为衡量源于顾客特性的价值维度,她认为顾客价值可以用三个维度衡量:经济价值、功能价值和心理价值。其中,经济价值描述为实现同等功能情况下,费用的节省为顾客带来的价值;功能价值为顾客从产品的功能中所获得的价值;而心理价值指顾客在消费中获得的心理满足。从其对三个维度的定义可知,经济价值和功能价值实质上就是效用价值,心理价值则是享乐价值的体现,前两者来自产品和服务相关属性,后者来自顾客特性。叶志桂(2004)认为顾客价值维度不仅包括产品属性层次的特点及其组成部分,诸如质量、耐用性、及时服务等,而且还应包括超越属性层次的顾客情感体验的其他维度,比如顾客对企业的信任等。

(二)购买阶段

Vratrappen 在其研究中曾指出,顾客对价值的理解不仅在不同顾客之间存在差异,就是同一顾客,在不同的时间,其期望价值也会不同(Vratrappen, 1992; 刘威,2009)。Zeithaml 在其研究的"价格、质量和价值手段-目的链模型"的解释时指出,顾客在购前准备期、购买中和购后的消费阶段对价值的感知是有差异的,顾客价值是有层级性的。

Woodruff(1997)对此进行了进一步说明,他认为顾客价值是顾客在购买过程中对产品和服务的价值的预期和实收的评价,是顾客在购买行为的不同阶段对价值的感受,是一个动态的过程,实际的感受可以用顾客在购买中基于产品和服务的属性、使用的结果和使用后达到的目标的满意程度来评价。随着购买阶段的推进,评价的内容是不同的,顾客的心态也会随着自身对过程的感受而变化。其对价值的感知会随着企业对顾客提供的服务水平的高低不同而受到影响,顾客对价值的感知和他所处的购买阶段有关(Holbrook and Corfman, 1985)。

(三)企业的资源和能力

Butz 等指出,在企业战略的计划过程中应理解顾客价值,获取战略优势(Butz,Goodstein, 1996)。在顾客关系管理研究中有学者尝试用战略管理的资源理论和核心能力理论论述企业特性对顾客价值的驱动作用。Collis 等(1995)提出的基于资源为基础的战略三角理论①以及 Prahalad & Hamel(1990)提出的核心能力理论②,使人们对战略要素的认识从对企业外部环境的关注转入了对企业内部的思考。Prahalad & Hamel(1990)认为,核心能力(core competence)应具有以下三个特征:①它是一种具有竞争优势且能显著地创造消费者期望价值的资源;②它能在多个市场上被广泛应用;③竞争者要模仿的难度很高。Masella & Rangone (2000)提出供应商的能力和资源是评估其未来价值创造潜力的关键指标。自 Woodruff(1997)提出顾客价值是企业获取竞争优势的来源后,越来越多的企业关注顾客价值,寻求利用自身优势,创造优质顾客价值的途径。由此公司内部资源和核心能力的作用受到关注。

基于企业资源和能力的顾客价值创造的影响因素较多,美国生产力与质量中心(APQS)在对 100 多家企业进行研究后发现,系统持续性的组织学习,善于集成和运用知识,能够成为创造和获取顾客价值的重要来源。研究证明,不仅是顾客可以通过学习提高对价值的判断,改进对价值的体验,企业同样可以通过学习改善和提高产品和服务于顾客的质量,提高顾客价值传递的效果。具体来说,主要通过以下五条途径利用知识创造价值:①将知识直接作为产品,如顾问服务、数据库等知识型产品;②知识的转换,如学习和采用绩效优异企业的最佳经验;③基于顾客的知识集成,如数据的采集、运用数据库信息和对顾客要求的快速响应等;④基于知识的个人责任,如授权一线服务员工,使之拥有必要的信息和能力去解决顾客问题;⑤智力资产管理,如运用专利、特许权和技术专长等为顾客和公司创造价

---

①David J. Collis, Cynthia A. Montgomery, Competing on Resourees:Strategy in the 1990s. *Harvard Business Review*, 1995, pp. 118～128.

②C. K. Prahalad, Gary Hamel, The Core Competence of the Corporation. *Harvard Business Review*,1990,pp. 79～91.

值。Lapierre(2000)在其研究中将产品和服务特性之外、与企业相关的因素——供应商形象、信誉、供应商和顾客的团结程度也归于影响顾客价值的关系因素,认为是顾客价值重要的驱动因素之一[①]。在对营销渠道成员的研究中,Simpson、Siguaw 和 Baker(2001)的顾客价值创造模型,对基于价值的供应商活动和行为因素进行了归纳(表 2-2),认为从供应商的视角而言,相关因素(Relational factors)、产品/质量/价格因素(Product/quality/price factors)、渠道因素(Physical distribution factors)、服务和支持因素(Services and support factors)会通过对再售者(reseller)的关系成本、财务绩效和感知关系价值产生作用,继而影响感知价值。其中,相关因素包括承诺行为(Commitment behaviors)、诚信行为(Trusting behaviors)、伦理价值(Ethical values)、合作规范(Cooperation norms)、及时化信息的沟通(Communicative,timely, intelligent communications)、紧密的经营接触(Frequency of managerial contact)和专业化(Professionalism),这些均为供应商自身特性的表现。

表 2-2 基于价值的供应商活动和行为因素

相关因素	产品/质量/价格因素	渠道因素	服务和支持因素
承诺行为、诚信行为、伦理价值、合作规范、及时化信息的沟通、紧密的经营接触、专业化	可靠高质量的产品、竞争性的定价、赢利的产品、生产线的能力、实际的保证、技术领先的革新性设计、新的/改进的产品生命周期、对竞争的快捷反应	高效的分销设施管理,迅速、准确的订货程序,具有成本效率的货物管理,快捷、可靠的送货管理,及时的供货和周转,广阔的分销覆盖面	强有力的促销支持,特殊的关系开发:培训、技术支持、特定的技能、技术的干预、独特的或可供选择的领域

根据 Simpson、Siguaw and Baker(2001)研究模型相关内容绘制。

(资料来源:Penny M. Simpson , Judy A. Siguaw and Thomas L . Baker, A Model of Value Creation: Supplier Behaviors and Their Impact on Reseller-Perceived Value. *Industrial Marketing Management*, 2001, Vol. 30, pp. 123.)

---

①Lapierre, J. , Customer-perceived value in industrial context. *The Journal of Business & Industrial Marketing*, 2000, 15(2/3), pp. 122-140.

Zeithaml(1988)认为企业品牌是影响感知质量和感知价值的外在属性。一些组织和个人提出了对品牌权益(Brand Equity)的关注[①]。从企业的角度来看，品牌权益也被称为品牌资产，是企业重要的无形资源。Peter Farquhar(1990)则认为，品牌权益是指“对企业、经销商或者消费者而言，品牌赋予产品的附加价值”[②]。白长虹(2001)在对西方顾客价值研究综述中也指出，品牌权益也是顾客价值的重要驱动因素之一。在阐述品牌权益的内涵时，范秀成(2000)指出，对于企业而言，在有无品牌识别的条件下，产品和服务的营销效果是有差别的，它会带来产品和服务的附加价值；而对于顾客而言，品牌权益这种无形资产会产生品牌营销的功效，影响顾客的心理和行为，使之发生变化，对顾客的购买决策过程发生作用。良好的品牌形象有利于降低顾客的购买风险，增强购买信心。

也有学者运用“能力”一词描述来自企业特性的顾客价值的驱动作用，认为为了更好地创造顾客价值，需要一定的企业能力予以支撑。能力是价值创造、获取竞争优势的重要因素。拥有资源，但如果不具备使用资源价值或使资源增值的能力，最终也不可能为顾客创造出卓越的价值(周亚庆，2002)。Prahalad & Hamel 使用了“核心能力”一词突出企业重要能力的作用[③]，认为核心能力的特征之一是创造价值(Prahalad & Hamel, 1990)。许庆瑞等(2000)认为企业的核心能力主要是指其研发能力、组织能力、制造能力与营销能力，Meyer & Utterbaek(1993)认为是把产品或服务推向市场的能力，Grace Tyng-Ruu Lin 和 Jerry Lin(2006)则将它们统归为价值创造

①品牌权益的概念在 20 世纪 80 年代提出后，引起了学术界和企业界的广泛关注。美国营销科学研究院(MSI)将之作为 20 世纪 90 年代最重要的研究课题。

②Farquhar, P., Managing brand equity. *Journal of Advertising Research*, 1990, 30(4), RC7～RC12.

③Prahalad & Hamel 对核心能力的界定最为流行，认为核心能力是“组织中的积累性学识，特别是关于如何协调不同的生产技能和有机整合多种技术流派的学识，是分布于组织内部并跨越于不同业务单位的特殊物质”。

过程因素。周亚庆(2002)在其《基于能力的顾客关系管理研究》中，以顾客价值创造作为顾客关系管理的主要内容之一，总结前人研究成果，将企业能力总结为员工能力与愿力、信息整合能力、核心商品供应能力、价值流程整合能力、制度形成与实施能力和领导能力与愿力，并且认为企业对信息整合的能力是其中的核心关键能力，认为“完整的信息有利于企业把握顾客的需求与偏好及其变化趋势，从而能在合适的时间、合适的地点为合适的顾客提供合适的产品或服务，并且企业能以个性化的方式与某些顾客进行沟通，提高企业为顾客创造价值的效率”。Golfetto & Gibbert(2006)甚至提出了“能力营销”的概念①，突出能力在商业活动中沟通、转移和销售的作用。Moller(2006)指出能力不仅可作为一项输入要素，通过转化或蕴藏于产品或提供物中，间接影响顾客价值，还可以作为一项输出要素，通过交易和转移活动，成为顾客价值的直接来源。

(四)营销质量

随着全面质量管理活动和全面质量营销活动的开展，也有学者提出了营销质量(marketing quality)这一概念来反映企业满足顾客需求、服务于市场的能力。他们认为企业经营管理的核心是要实现“基于顾客价值的质量(Customer value-based quality)”，从质量的角度来认识，质量对顾客价值的影响除了反映在产品本身的质量水平上外，还受营销活动过程质量的影响。Reddy 等一些学者认为，企业应通过过程的努力(全面质量管理过程或营销过程)，形成顾客需要的质量，实现顾客满意(Reddy, 1994; McCune, 1989; 侯贵生, 2000; 裴羽中等, 2005; 万后芬, 2003, 2005)。Simpson, Siguaw 和 Baker(2001)等在其研究的顾客价值创造模型中，用渠道因素以及服务和支持因素的一些指标(表 2 - 2)描述了企业服务市场的营销过程的能力。科特勒(1999)认为可以用营销质量来评价这种能力，并

①Golfetto & Gibbert (2006) 通过分析产业市场上企业的能力沟通和交易活动，把能力营销定义为“企业在产业市场上进行能力促销、转移和销售的工具和流程”。

指出营销经理必须在生产质量之外传递营销质量,企业的每项营销活动(营销研究、销售员培训、广告、顾客服务等)都必须执行高标准(科特勒,2003)。由此可见,企业营销质量是影响顾客价值实现的重要因素。

三、国内外实证研究情况

(一)国外研究情况

和顾客价值相关的实证研究非常之多,其中许多研究涉及顾客价值驱动因素的内容。顾客价值被看作是顾客感知质量和顾客满意的中介要素,是顾客满意关键的驱动因素(Michael Conklin, Ken Powaga, Stan Lipovetsky, 2004)①。研究中,学者们对感知质量与顾客价值、顾客价值和顾客满意的结果,如顾客忠诚、顾客抱怨、顾客再次购买的可能性等之间关系的研究非常普及。在顾客满意、顾客忠诚、顾客关系管理的研究中,形成了和顾客价值相关的模型,具有代表性的是 Fornell 的研究成果。在顾客满意度测评研究中,Fornell(1992)的顾客满意度模型构成体现了上述思想。如图 2－7 所示,他用感知价值定义顾客价值,将感知质量、顾客期望、感知价值、顾客满意、顾客忠诚、顾客抱怨等概念结合在一起,认为感知质量、顾客期望是感知价值的驱动因素,会对感知价值产生正向的影响。Fornell 的研究思想在国内外相关研究中被学者们广为接受和运用。

还有一些学者结合具体行业特点,将这种思想运用于特定行业的顾客价值活动分析之中。Zeithmal(2002)在研究电子分销渠道时,提出了测量服务质量、价值和忠诚三者之间关系的实证方法,将服务质量看作是顾客价值的前置因素②。Thomas Bieger 将顾客价

---

①Michael Conklin, Ken Powaga, Stan Lipovetsky, Customer satisfaction analysis: Identification of key drivers. *European Journal of Operational Research*, 2004, Vol. 154 (3): pp. 819～827.

②Zeithmal V., Service Excellence in Electronic Channels. *Managing Service Quality*, 2002, 12(3), pp. 135～139.

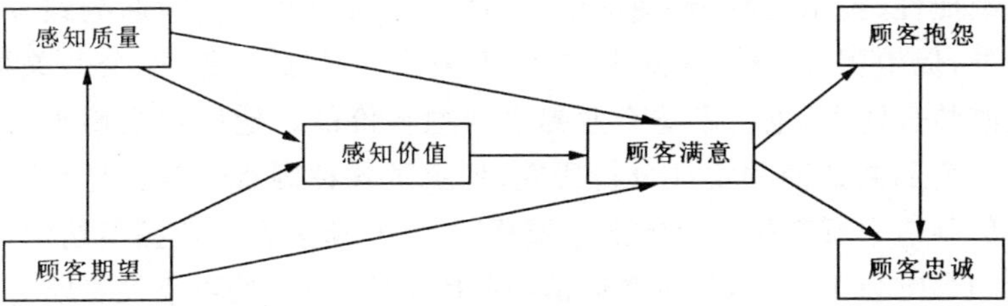

图 2－7 顾客满意度模型

（资料来源：Claes Fornell，Michael D. Johnson，Eugene W. Anderson，Jaesung Cha，Barbara Everitt Bryant，The American Customer Satisfaction Index：Nature，Purpose，and Findings. *The Journal of Marketing*，1996，Vol. 60，No. 4，pp. 7～18.）

值理论运用于航空业的研究，通过实证分析，提出了航空业顾客价值的质量维度，提示航空业管理者重视顾客价值对需求的驱动作用，加强针对新的顾客细分市场的产品开发，激发潜在需求者的偏好（Bieger，Wittmer，Laesser，2006）。Ying-Feng Kuo，Chi-Ming Wu and Wei-Jaw Deng 等（2009）探讨了服务质量、感知价值、顾客满意、顾客购后意愿（post-purchase intention）等变量在移动业务价值增值服务中的关系，认为服务质量会通过感知价值间接影响顾客购后意愿，提示管理者重视服务质量的改进和提高，以提升顾客价值。

也有学者实证分析营销管理领域其他方面对顾客价值形成的影响，Jacoby 等早在 1971 年就在研究中证实了品牌名称对顾客感知质量的影响。他们在对啤酒市场消费者的实证分析中发现，除产品的价格和产品的组成成分外，品牌是影响感知质量的重要因素①。Wolfgang Ulaga（2001）在研究中发现，除产品相关属性（产品的一致性、产品特征、产品范围、便于使用）和服务相关属性（服务的可靠性

①Jacoby，Jacob，Olson，Jerry C.，Haddock，Rafael A.，Price，brand name，and product composition characteristics as determinants of perceived quality. *Journal of Applied Psychology*，1971，Vol 55(6)，pp. 570～579.

与敏捷性、技术支持、快速的响应、产品创新、技术信息)影响顾客价值外,促销相关属性(企业形象、私人关系、公司的可靠性、公共关系、上游整合能力)也会影响企业提供的顾客价值。他们将之用于德国冷冻食品制造商的实证分析研究,展示了各种因素及其指标在顾客价值创造中所产生的影响的重要程度,并且认为在工业品市场中,质量的影响强于价格,同时在促销相关因素中,公司的可靠性影响力最强,其次是私人关系的影响。Carrilat, Jaramillo & Locander (2004), Liselore Berghman, Paul Matthyssens, Koen Vandenbempt(2006)等通过研究,证实了企业自身能力和组织相关特性等对顾客价值的影响,相关结果将在市场导向与顾客价值关系研究中阐述。

(二)国内研究情况

从已有的研究来看,国内学者对顾客价值的关注始于我国全面质量管理工作和企业战略研究中对竞争优势问题的探讨。杨皎与马宝国在 1999 年全国推行全面质量管理 20 周年大会上指出,随着时代的进步,企业的竞争日趋激烈,企业的经营必须了解顾客的需要、期望与价值观,才能具体拟订企业战略,利用有限资源,快速地树立并保持竞争优势,以迎接新世纪的挑战(杨皎、马宝国,1999)①。之后,李庆华(2001)、任学锋等(2001)、姚钟华(2001)、许耿(2001)、陈文俊等(2001)、项保华等(2000)、石军伟(2002)、董大海(2003)等均撰文表述了相同的观点,即遵循 Woodruff 的提法,顾客价值是企业获取竞争优势的源泉(Woodruff, 1997)。李庆华博士(2001)提出顾客价值创新是企业战略定位的核心内容,是企业持续竞争优势的重要来源②。对于顾客价值构成要素或者驱动因素,我国学者在相关研究中大多采用 Zeithaml 等国外学者的定义,也有一部分学者提出了自身对顾客价值的理解。董大海(2003)的博士论文"基于顾客

①杨皎,马宝国.建立以顾客为导向的公司,迎接新世纪的挑战——从顾客满意到顾客价值的管理,全国推行全面质量管理 20 周年大会论文集,1999 年。

②李庆华.基于顾客价值创新的企业战略定位研究,浙江大学博士论文,2001 年。

价值构建竞争优势的理论与方法研究"则对顾客价值和竞争优势相关研究进行了较为系统的研究和分析，其对顾客价值理论研究的梳理被后续研究者多次引用。他提出了自己对顾客价值的理解，认为顾客价值就是顾客以其在消费实践中所形成的消费经验、知识和偏好，对整个产品消费生命周期过程中产品属性及其使用效果与投入，在契合其欲望和期望的程度方面的综合评价①。

具体实证研究中，一部分学者对顾客价值构成要素或者说内在驱动因素比较关注。肖燕博士(2008)在对医院的营销策略从顾客价值的视角进行研究时，借用了 Kotler 的顾客让渡价值观点，认为医院提供给顾客的让渡价值包括总价值(医疗技术价值、服务价值、员工价值以及形象价值)和总成本两个方面，研究指出医院应该了解就医顾客的心理，从上述各因素出发，提高医疗技术、改善服务质量、提升服务品质，同时降低医疗费用、节约顾客的就医时间、节省就医的精力和体力的投入，达到提升顾客价值，提高顾客满意度的目的②。白琳博士(2007)在对 Woodruff、Parasuraman 等关于感知质量维度进行回顾的基础上，以手机市场作为研究对象，分析认为顾客感知价值的驱动因素有产品质量、产品功能、价格、服务与品牌四个方面，共 20 个驱动指标，并且运用 Woodruff 的顾客价值层次理论思想，建立了手机顾客价值层次模型③，各层次的衡量指标如表 2-3 所示。

另有一些学者关注到了顾客价值外在驱动因素的影响。罗海青(2003)运用经济学相关理论对顾客价值进行了解释，并通过对个体消费者的调查实证，运用因子分析得出顾客价值评价的九个维度(体验、服务、信息、品牌、时尚、绿色、品质、归属、价格)(罗海青，

---

①董大海.基于顾客价值构建竞争优势的理论与方法研究，大连理工大学博士论文，2003 年。

②肖燕.基于顾客价值视角的医院营销策略研究，华中科技大学博士论文，2008 年。

③白琳.顾客感知价值驱动因素识别与评价方法研究——以手机为例，南京航空航天大学博士论文，2007 年。

2003)[①]，并将之归为两类：基本要素和竞争性要素。

表 2-3 手机市场顾客价值层次驱动因素

目的层	情感交流、自我价值实现、自我满足、他人的认可			
结果层	产品质量	产品功能	价格	服务与品牌
属性层	待机时间、通话时间、电池寿命、通话质量	中文输入、短信功能、输入法、电话簿	购买价格、维修费用、配件价格	维修便利性、技术水平、服务态度、保修时限、维修花费时间、对投诉的处理、品牌知名度、品牌形象、广告

资料来源：笔者根据白琳博士(2007)研究成果编制。

查金祥博士(2006)在进行 B2C 电子商务行业的顾客价值与顾客忠诚问题研究时，在其构建的虚拟环境下网络商店顾客忠诚的形成机制和影响因素的理论模型中，将顾客价值看作是顾客忠诚的前置因素，并结合了 Sheth 等(1991)的理论，认为网络顾客价值表现为网络购物的功能性价值、网络购物的程序性价值和网络购物的社会性价值[②]。他认为网络购物的功能性价值是购物网站给予消费者的解决最基本要求的能力，这种能力主要体现在产品功能、产品成本、网站信息内容、购物便利性、履行承诺等几个方面，它将决定消费者是否登陆该网站及进行网络购物，是顾客基本需求的体现；而程序性价值是顾客在浏览网站或是在网站上交易的过程中，网站所提供给使用者正面的感官情绪，如愉快、喜悦、安全等，以及体验价值的能力，是网络购物结果的体现；网络购物的社会性价值则是购物网站的声誉品牌特征、虚拟社会特征和网络零售商致力于各种关系构建的努力，它使网络顾客在自我形象、群体归属方面得到提升，是由顾客在购物中因建立了良好关系所带来的价值，相当于目的层的体现。

①罗海青. 顾客价值感知要素实证研究，浙江大学硕士论文，2003 年。

②查金祥. B2C 电子商务顾客价值与顾客忠诚度的关系研究，浙江大学博士论文，2006 年。

焦新宇(2009)认为目前在顾客价值的测量上对顾客价值维度没有达成一致的认识,尚缺乏一个完整的顾客价值要素构成体系,他在Kantamneni 等(1996)产品感知质量维度研究、Sweeney 等(1998)耐用品感知质量研究、Mathwick(2001)的体验价值研究、James(1998)的服务感知质量研究、Puente(2004)的在线服务感知质量研究等的基础上,提出了基于相对性的顾客价值的测量方法①。他将感知价值归为四个维度:体验或享乐的利益、商业利益或交易、交际或沟通、麻烦或令人不快等内容。

企业能力对顾客价值的驱动作用也随着战略理论研究的发展受到国内学者的关注。贺艳春(2005)、刘石兰(2007)、柳铮(2009)等就领导行为、组织要素、组织能力等对顾客价值的影响进行了研究,具体内容将在市场导向与顾客价值关系研究部分展开。

第三节 顾客价值研究总评

顾客价值研究是营销研究领域中研究内容十分丰富的课题。上述两节从顾客价值基本理论研究以及顾客价值驱动因素研究两个方面,对学者们现有的研究成果进行了梳理,本节进行研究总结与评述。

一、顾客价值基本理论研究总评

(一)关于顾客价值研究视角

对于顾客价值研究视角的选择,顾客视角、企业视角和顾客-企业视角的研究都随着学者们研究目的的不同而在相关领域走向深入。顾客价值理论研究的三种视角各有特色,各视角对顾客价值的理解存在较大差异,如顾客感知价值和顾客资产基本就是两个独立

①焦新宇.基于相对性的顾客价值测量及实证研究,吉林大学博士论文,2009年。

的概念。研究视角不同,关注的问题也存在差异。顾客视角的顾客价值关注顾客需求的满足问题,所研究的问题均是围绕企业提供给顾客的价值展开。企业视角的顾客价值核心是企业的资产问题,所探讨的重点在于企业对顾客资产的如何管理。顾客-企业视角的顾客价值则因研究的目的不同差异很大,既有单纯地对顾客-企业之间关系价值的关注,也有对顾客与企业两者对顾客感知价值的理解差异的关注,除此之外,还有对顾客感知价值和顾客资产在管理活动中的结合研究。对于顾客-企业视角研究,从关系价值的研究来看,由于涉足的流派较多,研究的重点差异较大,观点不一,评价起来有一定的难度,但其实质还是以顾客感知的产品和服务的质量及关系质量为价值的内容。从顾客-企业的价值差距研究来看,研究模型过于复杂,适合定性分析,不利于进行定量分析和总结。笔者认为,只有把顾客视角或企业视角单一的角度研究清楚了,顾客-企业视角的研究才有更为实际的意义。

就 Ulaga 对顾客价值研究视角的这种分类方式而言,本研究关注的是企业对自身所创造的、被顾客感知的价值的理解,本书研究的对象虽然是企业,但对顾客价值的探讨,究其实质而言,应是顾客视角的顾客价值,是企业对顾客感知价值的认知。顾客视角的顾客价值研究有利于企业发现顾客需求,利用自身资源创造优异顾客价值。企业深刻认识顾客感知的价值之所在,通过提升顾客价值来开展全面质量管理,提高企业的绩效,实现竞争优势,意义重大。如 Woodruff(1997)所言,顾客价值是企业进入 21 世纪后获取竞争优势的源泉。

本研究将以企业为研究对象,探求企业的市场导向观念、营销质量对创造顾客感知价值的驱动作用,其实质还是研究顾客感知价值。

(二)关于顾客价值的含义

对于顾客价值含义的研究,无论从哪种视角出发,将顾客价值看作是顾客感知价值的观点为大多数学者和管理者所认识和接受。权衡论、满意论、偏好层次论、关系论都以各自的理解阐释了对顾客价值的认识。权衡论对顾客价值构成要素的各种认识比较容易理解，为质量管理相关研究、顾客价值理论研究中相关模型的构建提供了非常好的理论支撑。实际上，权衡论中的利得-利失观点可以看作是满意论、偏好层次论、关系论观点的基础，后述的观点就其实质都是利得-利失观点的细化和深入。特别是偏好层次论，以动态的过程来分析顾客感知价值中的利得-利失的变化，特别适用于对消费者消费行为及消费心理的研究，对企业在顾客价值的战略形成和实施中把握对顾客价值的动态的理解非常有意义。

从手段-目的链理论来思考，为更细致地探究市场导向观念、营销质量对顾客价值的驱动方式，本研究将采纳顾客价值层级论的观点，认为顾客价值是顾客在消费决策过程中的顾客感知价值，是一个基于产品属性的动态的感知过程，是顾客对产品属性、属性绩效和在一定的使用情境中对产品和服务属性带来的价值体验以及使用后所达目标的评价的总和。这种观点能够帮助我们更好地分析企业对顾客价值的认知原理，揭示企业对顾客价值的探索过程。

(三)关于顾客价值理论模型

对于顾客价值理论模型的研究，Kotler 的顾客让渡价值模型、Zeithaml 的顾客感知价值模型、Woodruff 的顾客价值层次模型、Ravald 和 Gronroos 的全情景价值模型、Jeanke 和 Onno 的顾客价值差距模型各有特点。让渡价值模型静态地描述了价值构成的两大因素与总让渡价值之间的关系，但比较抽象，实证的定量分析中会有难度。Ravald 和 Gronroos 的全情景价值模型和 Jeanke 和 Onno 的顾客价值差距模型都存在相似的问题，不便于模型定量分析的运用。Zeithaml 和 Woodruff 的模型都是运用手段-目的链理论构建的，但两者区别明显。Zeithaml 的顾客感知价值模型对消费过程中的质量、价格和价值的感知因素有非常清晰的描述，但该模型适合作静态的价值分析，且相关因素的关系过于复杂，有利于对价值构成的前置变量的探索性分析研究的实施，其模型的基本思想在静态的顾客价值研究中得到广泛应用。Woodruff 的顾客价值层次模型突出了顾客对价值的感知变化的过程，动态地描述了这一过程，用顾客对各层次的满意来反映顾客在购买各阶段对价值的理解，其模型的思想新近得到研究者的关注，但相关实证研究较少。本研究中，笔者试图深入到顾客价值形成的机理之中，运用手段-目的链理论，借助Woodruff模型的思想，动态地构建模型中反映顾客价值的部分，运用顾客价值层级模型进行研究。

二、顾客价值驱动因素研究总评

对于顾客价值的驱动因素研究，从现有研究成果来看，中外学者都在顾客价值相关问题研究中有所涉及。由于内在属性的驱动因素得到较为一致的认可，因此，本研究将之归纳为内在属性和外在属性两个方面，有利于在研究中深入挖掘外在因素对顾客价值的影响。

总结该方面理论研究的成果不难发现，从顾客价值构成要素或者说内在驱动因素方面研究顾客价值的成果非常多，以 Zeithaml 顾客价值模型为代表的顾客价值构成要素的思想得到该领域内学者们的大量运用，质量和价格因素对顾客价值的驱动作用得到普遍认可。感知利得和感知利失对顾客价值的影响研究，其实质是质量和价格影响因素研究的泛化表现，是从广义或宽泛的范围理解质量和价格的影响。因此，顾客价值的内在驱动因素可以用质量和价格因素来反映。

对于顾客价值的外在驱动因素研究，学者观点较多，缺乏统一认识。本研究中，笔者试图尝试着从顾客特性、购买阶段、企业的资源和能力、营销质量四个方面进行归纳，意在结合本研究的需要，从市场导向、营销质量等外部因素出发，探讨其对顾客价值内在属性的影响。

根据现有实证研究的结果可以发现，内在属性的影响研究已经深入到具体行业之中，质量和价格的具体指标因行业的差异有具体的评价标准。而外在因素的探讨，因研究目的的不同，内容较多，没有统一认识，涉及到的维度较多。结合本研究的内容来看，从顾客价值影响因素的内在和外在属性理解，市场导向、营销质量因素的影响其实是外在属性的影响。Narver 和 Slater(1990)市场导向观的三个方面：顾客、跨部门协调和竞争者因素，从前述分析中可以知道，前两者对顾客价值形成的影响已有学者在研究中有所涉足，而竞争者相关因素的影响以及三者对顾客价值形成的共同作用的研究欠缺，因为营销质量是随着全面质量营销理论的形成而提出的一个较新的概念，其对顾客价值的影响更多的停留在理论探讨阶段，较为系统的实证研究还较欠缺。

通过上述评述可知，基于市场导向和营销质量研究顾客价值将有助于丰富顾客价值外在驱动因素的研究内容，从价值创造活动的关键参与者和影响者的角度，全面探讨各方对顾客价值活动的影响，同时，营销质量因素的介入，有助于更为全面地研究顾客价值创造中的质量内涵以及丰富质量研究的内容。本研究中，笔者试图构建市场导向、营销质量驱动下的顾客价值层次模型，深入了解市场导向、营销质量对顾客价值形成的驱动作用。

本章小结

本章对顾客价值理论相关研究的文献进行了梳理和分析，并在此基础上进行了研究总评。遵从研究需要，对顾客价值相关研究的梳理是从顾客价值理论研究和顾客价值驱动因素研究两个方面进行的。

顾客价值理论研究内容十分丰富。从研究视角、概念的内涵至概念内涵的模型较多，均表达了学者对顾客价值的认识和看法。本研究利用手段-目的链理论，以顾客价值层次模型理论认识顾客价值，将有利于研究中深入到顾客价值的形成机理之中，探索价值形成过程中相关因素的作用机制。

顾客价值形成的驱动因素较多，本书从内在属性和外在属性两个方面进行了分析和论述。内在属性表现为产品和服务相关的固有属性，该方面的研究较多，认识大致统一。而外在属性的表现较多，涉及企业营销管理的多个方面，研究较为零散。本书从顾客特性、购买阶段、企业资源和能力、营销质量相关要素方面归纳上述影响因素，突出顾客价值外在驱动因素对其形成的影响。

国内外相关实证研究结果表明，顾客价值受内在和外在多种因素的驱动影响。

第三章 相关因素分析:市场导向、营销质量与顾客价值关系

第一节 市场导向与顾客价值关系研究

一、市场导向

市场导向(Market Orientation)作为企业的营销观念,是企业将顾客利益置于首位的一整套的信念(Deshpande, Farley and Webster,1993)①,被看作是现代市场营销学的基石(Druker, 1954; Levitt, 1960; Kotler and Levy, 1969)。1987年4月,美国营销科学协会(Marketing Science Institute,MSI)组织了以"发展市场导向观念"为主题的会议,倡导学者们重视对市场导向的定义、测量方法及模型结构的研究(Deshpande, 1999)。几十年来,市场导向理论研究广受关注,研究成果丰富。基于相关学者研究成果,结合本研究需要,在此对市场导向理论研究进行简单梳理。

(一)市场导向的内涵

从现有的研究成果来看,对市场导向内涵的理解大致有以下两种观点。

---

①Deshpande, John U. Farley and Frederick E. Webster Jr., Corporate Culture, Customer Orientation, and Innovativeness in Japanese Firms: A Quadrad Analysis. *Journal of Marketing*, 1993,57,pp. 23~27.

1. 基于信息处理行为的市场导向

1990 年，Kohli and Jwaorski 在文献研究的基础上，通过深度访谈的方式对市场导向作了三点归纳。市场导向包括：①营销是企业一个或多个部门涉足于发现和理解顾客现实和未来需要及影响顾客（购买行为）的因素的活动；②在企业的各部门之间分享这些信息；③企业所有部门都参与到满足顾客需要的活动中[①]。换言之，市场导向就是整个组织范围内对市场信息（market intelligence）的产生（generation）、传播（dissemination）和反应（responsiveness）。于是，企业对信息的产生、传播、反应的行为成为市场导向定义的三要素。

Day（1994）也在其所提出的市场驱动（market-driven）的理论论述中，对市场导向的信息问题进行了描述。他认为市场导向观念的组织是一种市场驱动型的组织。市场驱动型的组织具有较强的市场感应（Market Sensing）能力，会以一种开放的心态去审视环境（open-minded inquiry），收集环境的各种相关信息，并使信息在组织范围内广泛地传播，通过组织的作业程序（process）的开展，达到信息在各部门间协同性的分配（Synergistic information distribution），并且借助信息技术的使用，完成上述工作并形成组织对信息的易于获取的记忆（Accessible memory），使信息得到最有益的运用。

Day 对 Kohli 和 Jwaorski 提出的信息的内容进行了扩展，指出信息不仅包括顾客的需求，也包括技术的影响、竞争以及其他环境因素。他将企业对市场感应和顾客联系能力的掌控看作是市场驱动型企业最为显著的特征。具有市场感应能力的企业，能比竞争对手更有效地应对市场需求的变化，并借此建立自己的竞争优势。

2. 基于组织文化的市场导向

文化是共享的价值观和信念，为组织成员的行为提供准则（Deshpande and Webster，1989）。与 Kohli and Jwaorski 的从市场

①Kohli，A. K. and Jaworski，B. J.，Market Orientation：The Construct，Research Propositions，and Managerial Implications. *Journal of Marketing*，1990，54(2)，pp. 1～18.

导向行为的研究切入点不同，Narver and Slater 从组织文化的角度论述了他们对市场导向的理解。他们将市场导向定义为一种能有效地形成使消费者不断获得超额价值、公司持续取得较高绩效行为的组织文化（Narver and Slater，1990）。Day，Deshpande，Farley，Webster 等也持有同样的观点，将市场导向看作是一种组织文化（Day，1994；Deshpande，Farley，Webster，1993）。Day（1994）认为市场导向是一种（在组织内）深植及广泛普及的文化[①]。市场驱动的文化是一种为获取竞争优势而对市场信息的全部行为和组织的职能性的协调行为的必要性的支持的价值观。树立这种价值观和信念，是执行市场导向行为的保证。市场导向的组织中，每一个组织成员都将树立这种以顾客价值和绩效为目标的价值观念，通过组织发展和对市场信息反应行为的规范来体现组织特有的文化(杨智，2004)。

Narver and Slater 的研究表明，可从以下五个方面来描述市场导向：①顾客导向（customer orientation）：指组织能充分地了解目标市场现实和潜在的需求，不断创造优异的顾客价值；②竞争者导向（competitor orientation）：指组织对现有和潜在的竞争者进行了解，分析其所具有的优势和劣势，从而制定竞争战略和策略；③跨部门协调（interfunctional coordination）：指组织对所拥有的资源在组织各部门之间的协调利用，以创造卓越的顾客价值；④长期观点（long-term horizon）：指组织从长远的角度看待投资的回收和经营活动；⑤强调利润（profit emphasis）：指组织以利润为导向评估各部门的绩效。

上述五个方面中，顾客导向、竞争者导向、跨部门协调，指出了市场导向实施行为的内容；长期观点、强调利润，则明示了市场导向应达到的目标。Narver and Slater 用图 3－1 所示的构架反映了它们之间的关系。从图中可以看出他们的研究结论：顾客导向、竞争者导

①Day，George S.，The Capabilities of Marke-Driven Organizations. *Journal of Marketing*，1994，10，pp. 37～52.

向、跨部门协调是三种同等重要的组织行为，它们共同作用，达到创造组织的卓越的顾客价值，实现组织绩效的目标。

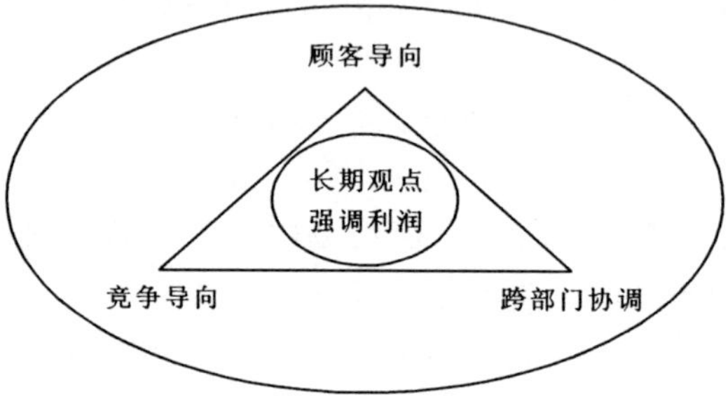

图 3－1 Narver and Slater 的市场导向观

（资料来源：Narver，J. C.，and Slater，S. F.，The Effect of a Market Orientation on Business Profitability. *Journal of Marketing*，1990，54(2)，pp. 20～35.）

（二）市场导向的实施方式

市场导向被认为是提高企业绩效，获取竞争优势的经营哲学而备受推崇。20 世纪 90 年代中后期，随着创新理论和组织学习能力理论的流行，营销者对市场导向的理解产生了迷惑，认为企业如果不以一种创新思维的模式去开发产品，就不可能取得卓越的绩效。因为，就顾客而言，在某些消费情境下，他们根本就不可能认识到自身有某些需求的存在。营销活动中某些时候最好忽视顾客的需求，听取现有顾客的意见对企业的行动没有意义（Day，1999）。

对此，Day 认为这不是因为市场导向的哲学不正确，关键问题是营销者对市场驱动（他认为也就是市场导向）的内涵的理解发生了偏差。Jaworski 和 Kohli 等则明确指出，早期学者们的市场导向观是一种狭隘的观念，他们对此作出了修正，认为市场导向有两种实施方式：市场驱动和驱动市场（Harris and Cai，2002；Jaworski，Kohli and Sahay，2000；Kumar，Scheer and Kotler，2002；Day，1999）。Narver 等（2004）则认为市场导向可分为反应型市场导向（Responsive market orientation）和主动型市场导向（Proactive market orien-

tation)两个类型[①]。市场驱动是一种对已经存在的市场结构中的顾客偏好和行为进行理解并作出反应的企业导向(反应型市场导向),而驱动市场则是对市场结构和顾客行为带来影响以此达到增强企业竞争地位的导向(主动型市场导向),两种方式都体现了市场导向观念的内涵。

二、市场导向与顾客价值关系

Narver & Slater(1990)指出市场导向是营销观念的应用,它是企业的一种经营哲学或营销观念。对市场导向的研究,从概念、内容到实践日益丰富完善。依照对研究内容的理解,将市场导向理论的研究视角归为对信息的处理行为、组织文化的构成两种,基本反映了学者们对市场导向内涵的认识和理解;将市场导向实施方式分为市场驱动和驱动市场两种形式全面地体现了市场导向的作用方法。

无论是从何种视角理解市场导向,市场导向是企业价值创造的源泉(Srivastava, Shervani and Fahey, 1999),是企业满足顾客需求、实现卓越的企业绩效的一种经营理念,是指导企业营销活动的指导思想。

(一)市场导向内涵与顾客价值

1.基于信息观的市场导向与顾客价值关系

Kohli and Jwaorski 从市场信息的收集、传递和反馈的角度阐释了市场导向的行为,清晰展示了企业对顾客需求信息的整个反应过程,给管理者提供了市场导向的一个清晰的定义和创造顾客价值、实现卓越绩效的操作方法。

从 Kohli and Jwaorski 的信息观的角度来看顾客价值,顾客价值源于顾客的需求,需要通过企业内各部门的协调活动的开展,对市

---

①Narver, J. C., Slater, S. F., & MacLachlan, D. L., Responsive and proactive market orientation and new-product success. *The Journal of Product Innovation Management*, 2004,21(5):334~347.

场的需求作出相应的反应才能实现顾客价值。他们的观点对市场驱动型企业的新产品研发过程的探讨有重要的指导意义。

从信息的产生、信息的传播和沟通到信息的反馈，Kohli and Jwaorski 的市场导向信息观的三个维度的指标指出了发现顾客需求、创造顾客价值的可操作的方法，为市场导向的顾客价值的行为提供了方法。特别值得提到的是，Kohli and Jwaorski(1990)在对市场导向的信息观点的阐释中指出，管理者不仅要关注市场导向的营销活动，进行信息的生产、传播和对信息进行反应，更要关注整个过程的质量，只有这样，才可能对市场作出高质量的响应，满足需求，从而实现顾客价值，提高企业绩效。这一认识将市场导向、顾客价值、企业绩效等概念联系在了一起，给我们以市场导向的观念思考顾客价值的创造活动的行为提供了有益的启示。

2. 基于组织文化观的市场导向和顾客价值关系

Narver and Slater 从组织文化角度的论述，拓宽了对市场导向内涵的认识，在考虑顾客需求的同时，将市场竞争和企业自身因素纳入了视野，作为一种价值观，Narver and Slater 的观念为 Kohli and Jwaorski 的信息处理行为观念提供了实施的准则和规范，是对市场导向行为的影响因素的更全面的思考，提示我们在了解顾客需求或顾客价值的时候，需要考虑市场竞争者和企业自身资源的情况，创造出既有市场竞争力又对企业具有可行性的顾客价值。

(1)市场导向下的顾客价值。Narver and Slater 强调了市场导向的三个构面：顾客导向、竞争导向和跨部门协调(Narver and Slater, 1990)，提示企业在营销活动实践中要从长远利益出发，做到三者兼顾来考虑问题。罗青军和项保华(2003)在其研究中图示出市场导向三维下的顾客价值(图 3-2)，指出市场导向的顾客价值应该考虑三重问题。首先，企业应该通过市场调研、顾客分析等活动的开展，了解顾客显性需求，生产相应的产品和服务投放市场，并获取顾客的反映，发现顾客需求中未被满足的区域，通过产品和服务的创新去弥补不足。同时，将自身的产品和服务与竞争者的相比较，以发现自身在满足顾客需求上的不足，并加以改进。而企业各部门的协调配合则是从效率方面为上述活动的开展提供基础。

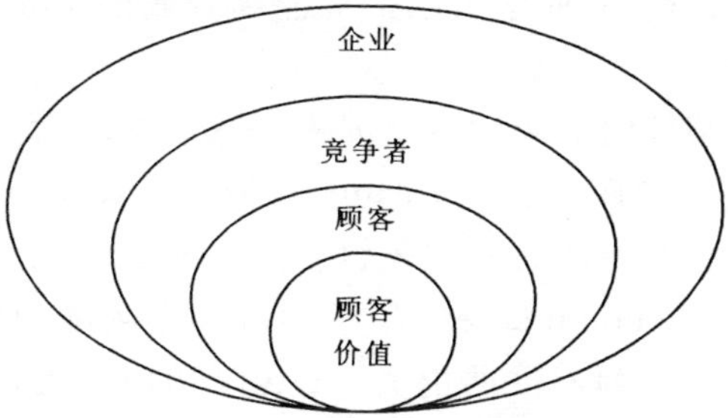

图 3－2　市场导向的顾客价值

（资料来源：罗青军、项保华，市场导向基础的顾客价值创造研究，五邑大学学报（社会科学版），2003 年，第 5 卷第 1 期。）

针对市场导向的顾客价值创造，罗青军和项保华依据 Chan kim 和 Renee Mauburgne(1999)的研究提出了思路，如图 3－3 所示。他们认为市场导向的顾客价值创造活动应该有不同的思路，企业在创造卓越的顾客价值时应从行业环境、顾客的信息、竞争者的市场行为、企业自身的实力、产品和服务的延伸性等多方面进行考虑。

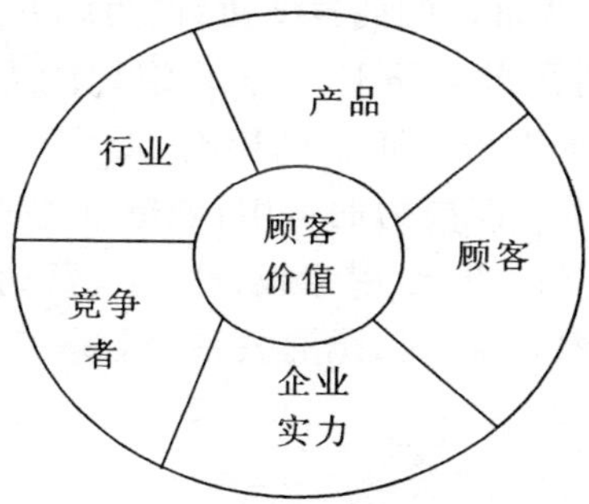

图 3－3　市场导向顾客价值提供模式

（资料来源：罗青军、项保华，市场导向基础的顾客价值创造研究，五邑大学学报（社会科学版），2003 年，第 5 卷第 1 期。）

(2)市场导向要素对顾客价值的影响。由顾客价值理论研究回顾可知,顾客导向的顾客价值,即基于顾客视角的顾客价值的研究已经非常丰富。目前,一些学者已经关注到企业的某些能力和行为对顾客价值的影响。

作为企业跨部门协调的重要因素——组织能力,它与顾客价值的关系受到关注和探讨。Normann 和 Rafael Ramirez(1993)认为,组织能力必须与企业的另一项关键资产——顾客相结合,才能增强企业的竞争力。Tuominen *et al*.(2004)认为实施顾客价值战略需要企业开发出一系列不同的能力。Day(1994)指出,检测组织能力特性最有效的方式就是从顾客视角判断他们对顾客价值贡献的相对大小,以及能否支撑组织流程用最低廉的成本为顾客创造和传递价值。Berghman 和 Matthyssens 以德国 600 个工业企业为例,探讨了满足顾客和市场期望企业应当开发何种能力组合。他们认为能力对产业供应商主动预测和应对顾客价值的变化,而不是被动接受和服务顾客价值具有很大的作用(Berghman 和 Matthyssens, 2006)。

刘石兰博士(2007)①综合了相关学者的研究思考,对组织要素、组织能力和顾客价值的关系进行了研究。在其所构建的概念模型中(图 3-4),她认为组织能力表现为组织的执行力、组织的支撑力和组织的运营力,是顾客价值的前置变量,而组织要素可以归纳为领导支持、员工的价值创新水平等 10 个表现组织能力的指标,研究中她实证分析检验了它们对顾客价值的影响,提示企业在顾客价值管理活动中重视企业相关组织能力的运用,创造卓越的顾客价值。

此外,柳铮博士(2009)运用组织行为学、营销学理论,探讨了企业高层领导行为与顾客价值创造的关系(图 3-5),他认为高层领导

①刘石兰博士认为组织要素是组织能力测量的维度。她在研究中综合各学者的观点,将组织要素总结为组织中雇员的知识和技能、技术系统、组织结构、流程、程序与常规、管理机制、价值规范和组织文化八个方面,并且根据组织要素在组织中的表现形式,将它们分为三类:人力要素、物力要素和文化要素,测量了它们对顾客价值的影响。

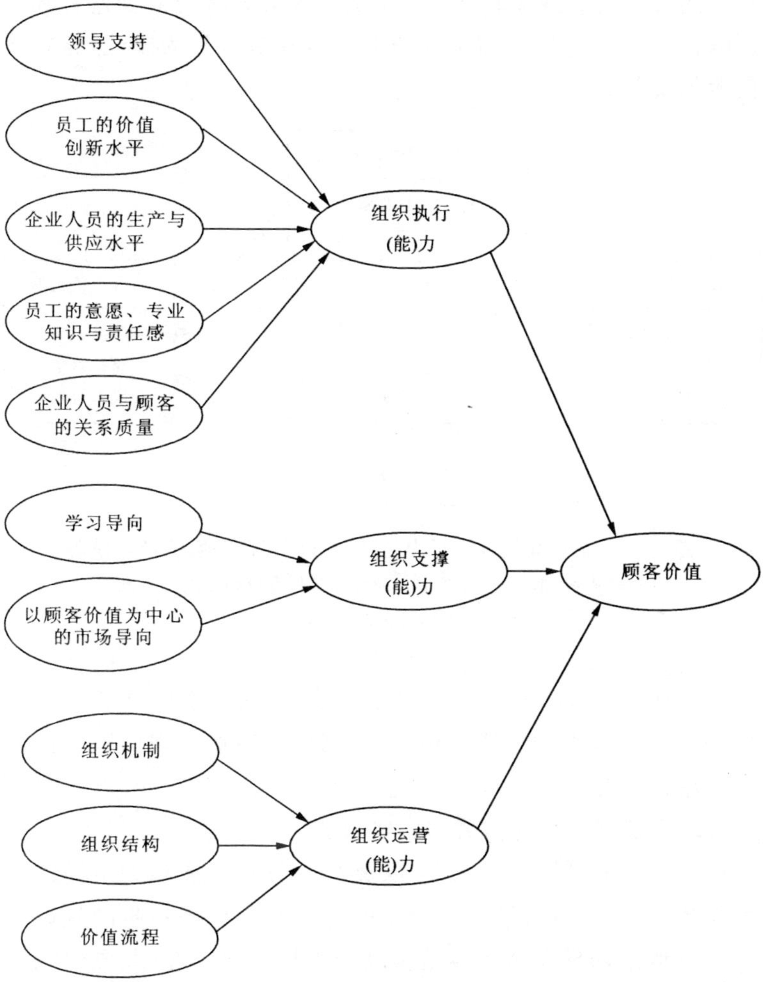

图 3－4　组织要素、组织能力视角下的顾客价值研究概念框架
（资料来源：刘石兰，组织要素、组织能力视角下的顾客价值研究，同济大学博士论文，2007。）

的行为通过中层管理者和基层员工的行为对顾客价值创造有着重要的影响作用。研究指出，企业应该优化高层领导行为模式，建立顾客价值型的文化。

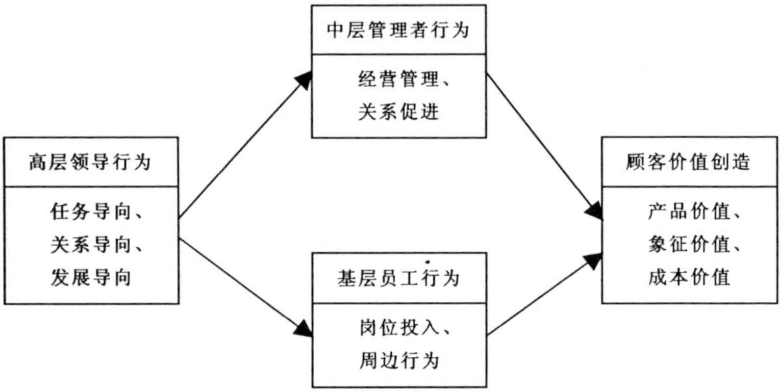

图 3－5　企业高层领导行为与顾客价值创造关系的理论模型

（资料来源：柳铮，企业高层领导行为与顾客价值创造的关系，吉林大学博士论文，2009。）

笔者认为，Narver and Slater 的组织文化观念提供了市场导向观的一个较为全面的思考架构，对本书构建市场导向的顾客价值模型有理论指导意义。

（二）市场导向实施方式与顾客价值

Jaworski，Kohli and Sahay 以及 Day 等所关注到的市场作用方式的问题，使人们对市场导向的企业行为有了更进一步的认识。无论是反应型市场导向企业还是驱动型市场导向企业，其导向观念均会影响企业顾客价值活动。

如前所述，对于市场驱动型企业，它是通过组织的文化，形成特定的行为方式创造卓越的顾客价值（Narver and Slater，1990），或者通过组织范围内的信息的产生、传播或者沟通、反馈方式影响顾客价值的创造活动。因此，市场驱动型企业的市场导向对顾客价值的影响更多地表现在其对顾客现有需求的满足的活动中。在市场导向的顾客导向、竞争导向和跨部门协调三要素中，比较突出顾客导向对企业顾客价值活动的影响。

而驱动市场型组织，其市场观念对顾客价值活动的影响，则是利用企业自身的能力准确地发现和抓住提升顾客价值的机会来塑造市场、驱动市场，帮助顾客认识到所开发的产品的价值而实现的（Carrilat、Jaramillo & Locander，2004）。其中，企业自身的洞察市场以及研发能力是影响其创造顾客价值的重要因素。在市场导向的顾客导向、竞争导向和跨部门协调三要素中，比较突出企业自身因素对顾客价值活动的影响。研究发现，驱动市场型组织的成功在于在顾客价值活动中两个层面的维度——顾客价值的组成成分和顾客价值实施上的持续创新而获得（Kumar 等，2002），说明驱动型组织的市场导向观影响组织的顾客价值创新能力。Berghman，Matthyssens & Vandenbempt（2006）等认为，驱动市场型的组织在创造产品和服务新的顾客价值时，有三大因素影响其顾客价值创造活动：组织对知识的吸收能力（knowledge absorption）、组织的总体竞争力（general organizational competences）、组织的供应链/网络的竞争力（supply chain/network competences）①。其中，组织对知识的认知、同化和转化能力是驱动市场型组织的重要特征。市场驱动和驱动市场的市场导向观的区分有助于深化对创新理论和新产品开发理论及实践的认识，特别是驱动市场的概念对创新型企业的发展有重要的指导意义。

①Liselore Berghman，Paul Matthyssens，Koen Vandenbempt，Building competences for new customer value creation：an exploratory study. *Industrial marketing management*，2006，35(8). pp. 961～973.

第二节 营销质量与顾客价值关系研究

一、营销质量

(一)质量的内涵

Feigenbaum 认为质量就是价值(Feigenbaum, 1951),是经济增长的重要力量(Feigenbaum, 1982)。对质量的认识和理解是一个随着质量管理和营销管理理论及实践的深入不断发展和完善的过程。

1. 质量管理理论中的质量

早期,质量研究属于质量管理理论研究的范畴。质量被看作是生产和制造中产品品质的某种程度的反应。Gilmore, Levitt 等认为质量是产品与规格的一致性程度(conformance to specifications)(Gilmore, 1974; Levitt, 1972)。

随着顾客观念的深入和服务业的发展,质量被看成是产品对需要的一致性(conformance to requirements)(Crosby, 1979),是产品或服务满足或者超越顾客期望的程度(Buzzell & Gale, 1987; Gronroos, 1990; Zeithaml *et al.*, 1990)。Juran 则指出质量是产品对使用的符合性程度(fitness for use) (Juran, 1974, 1988)。美国质量学会曾经对"质量"这一概念作出以下定义:质量(quality)是一个产品或服务的特色和品质的总和,这些品质特色将影响产品满足各种明显的或隐含的需要的能力①。

全面质量管理理论(TQM)提出后,质量概念又被注入了新的内涵,全面质量(Total Quality)的概念产生了,Feigenbaum 在其《全面

①Cydnee Miller, U. S Firms Lag in Meeting Global Quality Standards. *Marketing News*, 1993, 15.

质量控制》(Total Quality Control)[①]一书中认为，质量是产品和服务在营销、设计、制造和保持过程中的特性的总和，以此使产品和服务在使用过程中满足顾客期望。在此框架下，质量管理的内容可以归为四类：(在质量的设计中倾听顾客的声音)产生市场优势、提高产品设计的质量、保证产品生产的可靠性、提高生产过程的效率(Reed 等，1996)[②]。与此对应，质量的内容也表现在这四个方面。全面质量的概念提出虽然拓宽了人们对质量内涵的理解，提示经营管理者不仅仅要关注产品和服务本身的属性特征，还应关注质量的形成过程，但对全面质量理解得更多的还是围绕着产品的设计和生产环节，对市场环节考虑较少。

2. 营销管理理论中的质量

全面质量的提出丰富了质量的内涵，是创造价值和顾客满意的关键(科特勒，2003)。但质量管理研究中该概念的提出对如何确定顾客的需求以形成产品的规格却没有给出实践层面的方法。对此，营销学者进行了有意义的尝试，他们运用偏好测试(preference testing)方法，了解顾客期望的质量内容(Reeves and Bednar，1994)，以此作为企业产品设计和制造中来自顾客的声音(Voice of customer，VOC)，然后运用质量功能配置(Quality Function Deployment，QFD)方法，将顾客需求转化为产品，实现顾客满意的产品质量特征。实践中，顾客对质量如何认识的问题引起了学者们的兴趣，带来了顾客视角对质量的探讨，研究成果体现在以下两个方面。

其一，研究发现服务质量有别于产品质量。Sasser 等(1978)研究发现，服务是一种无形的产品，服务的生产和消费同时进行，服务不能储存，服务质量属性和有形产品质量属性有较大的区别，Para-

---

①Feigenbaum, A. V., Total quality control (3rd ed.). New York: McGraw-Hill, 1983.

②Reed, R., Lemak, D. J., & Montgomery, J. C., Beyond process: TQM content and firm performance. *Academy of Management Review*, 1996, 21, pp. 173～202.

suraman 等通过研究提出了评价服务质量的维度[①]。营销文献中对质量的研究主要是围绕这两个方面展开：产品质量（Bayton，1958；Kuehn and Day，1962；Bucklin，1963；Cardozo，1965；Cravens，Holland，Lamb and Moncrief，1988）和服务质量（Gronroos，1983；Parasuraman，Zaithaml and Berry，1985；Bowen and Schneider，1988；Zaithaml，Berry and Parasuraman，1988）。

其二，提出了顾客感知质量（Customer Perceived Quality）的概念。从顾客的需求视角理解，质量是顾客所说的，顾客对产品和服务所感知的内容（Buzzell & Gale，1987），强调顾客认知在质量形成中的重要地位。

3. 全面质量营销理论中的质量

从上述阐述可以看出，质量管理和营销管理都对质量问题有过研究，但研究的重点不尽相同。如何实现顾客感知的质量和企业提供的产品及服务质量的统一，还需要营销努力来实现。

最近十几年来，西方学者开始注意到对两者的关系研究，认为在质量战略实施中产生的问题以及企业改进绩效活动失败的原因，至少在一定程度上和企业的市场营销在质量战略的形成和执行中的重要性程度有关（Johnson and Chvala，1996[②]；Kordupleski *et al.*，1993[③]）。营销观念是全面质量观念取得成功的重要战略选择，营销功能引领质量功能展开（QFD）的管理过程（Charles R. O'Neal，

---

①1985 年，Parasuraman，Zeithaml，Berry 在研究中提出了服务质量的概念模型，并提出了衡量服务质量的五个维度：有形性、可靠性、响应性、保证性和移情性。其研究结果被后续学者广泛使用。

②Johnson，W. C. and Richard C. Chvala，*Total Quality in Marketing*. Delray Beach，FL：St. Lucie Press，1996.

③Kordupleski，Raymond E.，Rust，Roland T.，and Zahorik，Anthony J.，Why Improving Quality Doesn't Improve Quality (or Whatever Happened to Marketing?) . *California Management Review*，1993，35，pp. 82～95.

William C. LaFief, 1992)[①]。实际中，营销在质量管理中的重要性还没有引起管理者的重视，营销的职能被忽略了(Orsini, 1994[②]; Schmalensee, 1991[③])。Cravens 等认为此种状况下企业营销职能缺位、营销者不能完全理解质量(Cravens 等，1988; Kordupleski 等，1993; Morgan & Piercy, 1998)。另一方面，营销领域对质量的研究也存在着不足，营销者对质量缺乏理解(Schmalensee, 1991)。早期，甚至有学者认为市场营销对质量战略没有显著的影响(如 Law & Cousins, 1991)[④]。Orsini (1994)等认为有关营销和质量关系的研究较少(Orsini, 1994; Phillips, Chang and Buzzell, 1983)。

一些学者从顾客满意的角度，将全面质量管理与营销结合起来进行研究，并在研究基础上提出了"质量营销(quality marketing)"或"全面质量营销(Total Quality Marketing, TQMK)"，对其内涵进行了探讨和研究。此类研究较为零散，对这类概念的理解存在多种认识，万后芬教授将之归纳为两大类，详细内容如表 3－1 所示[⑤]。她认为一类是 Reddy(1994)等学者的观点，认为全面质量营销是将全面质量管理融入营销职能，重点在质量管理；另一类是 McCune (1989)等学者的观点，认为 TQMK 是将营销融入质量管理，营销领导质量管理。万后芬教授(2003, 2005)在其相关研究项目中对全面质量营销持后一种观点，全面质量营销是将营销融入质量管理(McCune,1989;万后芬,2003,2005;杜鹏,2009),"全面质量营销

---

①Charles R. O'Neal, William C. LaFief, Marketing's lead role in total quality. *Industrial Marketing Management*, 1992, Vol. 21, Issue 2, pp. 133～143.

②Orsini, J. L., Make Marketing Part of the Quality Effort. *Quality Progress*, 1994, 27(4), pp. 43～46.

③Schmalensee, D. H., Marketers Must Lead Quality Improvement or Risk Becoming Irrelevant. *Services Marketing Newsletter*, 1991, Vol. 7, No. 1, pp. 1～3.

④Law, Philip and Laura Cousins, *Is Quality Market-Led?*. In Proceedings British Academy of Management Conference, Ed. P, Jchard Wilson, Bath, UK: British Academcy of Management, 1991, pp. 91～96.

⑤万后芬. 全面质量营销：理论回归与展望，中南财经政法大学学报，2008 年第 3 期。

表 3－1　不同视角下的全面质量营销定义

作 者	定 义	视角
Reddy(1994)	全面质量营销是通过质量的营销整合策略来获得市场份额和顾客满意的一种重要手段	将 TQM 融入营销职能，重点在 TQM
孙毓霜(2000)	全面质量营销是质量管理与市场营销相结合的一种新型管理理念，是质量工具和方法在营销中的应用	
冉春娥(2002)	全面质量营销管理是在全体员工的参与下，通过动态的过程管理，使营销质量得以全方位提高	
刘艳红、张平淡(2003)	全面质量营销是全面质量管理在营销管理中的应用，其实质是营销，只不过十分重视全面质量管理，把全面质量管理的思想、方法与手段融入营销管理过程中，全面质量营销追求顾客满意与公司利润率的平衡	
黄祖辉、吕佳、刘东英(2004)	把全面质量管理运用到市场营销上，赋予全面质量管理以新的内涵，这就是全面质量营销；全面质量营销是指组织根据市场(顾客)需求，以顾客满意为导向，创造、提供并出售满足顾客需求的质量的一种社会和管理过程；全面质量营销的实质是从消费者需求角度定义产品“质量”，并在生产、流通等过程中实现、维持或提升“质量”，然后辅以营销手段将产品“质量”销售给消费者，从而满足其不断变化的多样化的需求	
McCune(1989)	全面质量营销通过营销过程驱动质量绩效，最终实现顾客满意	将营销融入质量管理、营销领导质量管理
Iris Mohr-Jackson(1996)	全面质量营销是承诺在组织范围内持续改进企业流程，传递顾客感知价值，最终实现顾客满意的一种管理理念，它要求营销在整个流程中扮演重要角色	
侯贵生(2000)	全面质量营销是以建立顾客满意系统为核心的营销战略，其战略指导思想是：企业的生产经营活动都要从满足顾客的需求出发，以提供满足顾客需求的产品或服务为企业的责任和义务，以满足顾客需求，使顾客满意为企业的经营目的；全面质量营销不仅强调工程质量优势，更重视市场导向的质量优势即顾客满意	
裴羽中等(2005)	以顾客需求为先导，通过对所有生产过程、产品和服务进行广泛有组织的管理，按照顾客要求的质量标准，不断提高产品服务质量，从而实现顾客满意的一种新型营销理念	
万后芬(2003，2005)	全面质量营销是以顾客需求为先导，以提高产品和服务质量为重点，通过全过程的营销努力来提高产品质量，驱动质量绩效，以实现顾客满意目标的一种新型营销理念	

资料来源：杜鹏，顾客价值驱动的全面质量营销评价模型研究，中南财经政法大学博士论文，2009 年。

是以顾客需求为先导,以提高产品和服务质量为重点,通过全过程的营销努力来提高产品质量,驱动质量绩效,以实现顾客满意目标的一种新型营销理念"(万后芬,2003,2005)。

对于全面质量营销观念,无论持哪一种认识,共同之处是实现了营销和质量的结合。Johnson & Chavala(1996)提出了营销中的全面质量,认为从长远看,企业要获得可持续的竞争优势,需要进行全面质量管理(holistic quality management)。Iris Mohr-Jackson也对全面质量进行了探讨,提出了从领导能力、过程管理、人力资源管理、战略计划、质量的测量、顾客满意的测量六个方面衡量企业的全面质量导向观(Iris Mohr-Jackson, 1996)。全面质量营销观念使Feigenbaum所说的全面质量的内涵更加清晰,提供了全面质量的可操作性的方法指导。一方面要通过内部营销来促进产品质量的提高,当产品质量不如意时,营销者要像顾客那样对有关部门进行呼吁,表示不满,要成为顾客的保护人、看门人和代言人;另一方面要通过外部营销的质量控制,提高顾客对产品的感知质量,从而提高顾客对产品的满意度。全面质量营销使营销和质量管理两大领域的研究找到了相互结合的切入点,而且首次提出了营销质量的概念。

(二)营销质量的内涵

营销质量是随着全面质量营销观念的提出而产生的新的概念。关于营销质量,从已搜索的文献来看,相关研究文献较少,而且缺乏对营销质量概念统一的表述,相关学者是从不同的角度表述对这一概念的理解。根据学者研究中所表述的内容,在此将营销质量的内涵归为两类。

1. 概念层面的涵义

科特勒(1999)在对全面质量营销战略的阐述中指出,营销质量是企业实施全面质量管理的一个重要组成部分,质量必须在公司的每一项活动中体现出来,而不仅仅是在公司的产品中。

Salvatore F Divita(1978)在其研究中,从营销控制的角度对营销质量作过这样的描述,他认为营销质量是确保企业的营销活动的所有方面都满足对变化中的顾客需要作出反应的质量。

张建博士在"企业营销质量研究"[①]论文中提出了企业营销质量定义，认为"企业营销质量是企业在竞争的营销环境中，为了谋取持续的营销优势，利用、创新、配置各种营销资源，在满足顾客'适用性'，实现顾客满意过程中的质量"，他将营销质量视为营销的质量、过程的质量。而全面质量营销是以质量为中心，通过提供能满足顾客需求的质量，达到顾客满意的营销过程。它要求经营者不仅要关注产品（包含服务，下同）自身的质量，参与产品质量标准的制定和控制，使产品质量能符合消费者的要求；同时又要注重营销全过程的质量，实施营销全过程的质量管理（即营销全面质量管理）。

2. 操作层面的涵义

通用电气公司的伦纳德·摩根曾经说过："我们不能只考虑产品的质量，还应考虑广告、服务、产品介绍文献、送货、售后服务等方面的质量"（科特勒，1999）[②]。

Salvatore F Divita（1978）认为营销质量可以用顾客对营销活动的满意程度来衡量。他认为顾客的满意不仅仅是对产品本身而言，他们还想了解正在购买什么、产品有哪些使用功效和不足、是否提供了担保、有否投诉服务。他要求企业对此能够作出反应，采取行动。

李宝库（2000）认为营销质量包括组织与顾客两个方面，强调满足顾客需求的质量、营销活动的质量、产品和信息的质量，还包括时间等影响顾客需求的因素。

袁新平、田长春（2003）指出，评价营销质量，单从顾客方面入手是有局限的，它忽略了内部营销和社会营销。评价营销质量应由三部分组成：顾客、员工和社会，既要考虑质量在企业内部的传递，也要考虑其在社会中的传递作用。

---

①张建. 企业营销质量研究，吉林大学博士论文，2006 年。

②菲利普·科特勒著，梅汝和、梅清豪、张桁译. 营销管理：分析、计划、执行和控制（第 9 版），上海人民出版社，1999 年，第 52 页。

White & Bruce D(1984)从市场研究和市场发展行为两方面对营销质量进行了分析。他认为市场研究应该追求：第一，对质量趋势的预测；第二，成本和质量之间的关系；第三，与质量相比的购买偏好[①]。

Stowell & Daniel M 在营销的质量改进措施的探讨中，从七个方面体现了营销过程的质量：①理解顾客要求；②确定营销的产品和过程；③使顾客的要求与营销的产品和过程相一致；④消除无效的产品和过程，提升剩下的产品和过程；⑤根据(顾客的)要求，增加新过程；⑥审查针对每一个新产品的过程；⑦将员工纳入营销质量中[②]。

颜帮全、蒲晓东(2002)认为质量是一个动态的标准，应该正确确定顾客对产品质量的需求和要求；控制顾客对质量的心理预期；正确地将顾客对产品质量的期望传达给产品设计者；保证对顾客提供及时、正确的货物供应和使顾客能正确使用企业产品；售后保持同顾客接触，以确认顾客得到并保持满意；将顾客关于产品和服务的改进意见收集，传递给相应的企业部门。

科特勒在对全面质量进行论述中指出：营销经理必须在生产质量之外传递营销质量。每项营销活动(营销研究、销售员培训、广告、顾客服务等)都必须执行高标准(科特勒，2003)[③]。他将营销质量内容归为六个方面，它们是：①营销者在正确识别顾客的需要时承担着重要责任；②营销者必须确保顾客的要求正确地传达给产品设计者；③营销者必须确保顾客的订货正确而及时地得到满足；④营销者必须检查顾客在有关如何使用产品方面是否得到了适当的指导、培训和技术性的帮助；⑤营销者在售后还必须与顾客保持接触，以确保他们的满足能持续下去；⑥营销者应该收集顾客有关改进产品服务方

---

①White, Bruce D, Marketing Quality, *Quality*. Troy: 1984. Vol. 23, Iss. 6.

②Stowell, Daniel M, *Quality in the Marketing Process*. Milwaukee: 1989, Vol. 22, Iss. 10.

③菲利浦·科特勒著，梅清豪译. 营销管理(第 11 版)，上海人民出版社，2003 年，第 92 页。

面的意见，并将其反映到公司各有关部门。他认为当营销者做了上述一切后，他们就是对全面质量管理和顾客满意，以及对顾客和公司的利益作出了自己的贡献①。

二、营销质量与顾客价值关系

由顾客价值基本理论的研究可知，质量是构成顾客价值的一个基本因素。全面质量营销中，顾客价值通过质量以及与之相关的顾客满意这些概念和 TQMK 产生了联系。这点从对 TQMK 的概念研究以及质量和营销的关系研究中可以归纳得出。

Iris Mohr-Jackson 指出，全面质量营销是承诺在组织范围内持续改进企业流程、传递顾客感知价值、最终实现顾客满意的一种管理理念(Iris Mohr-Jackson，1996)。

从 TQMK 的概念来看，无论是从哪种视角认识 TQMK，以质量为导向，将 TQM 融入营销职能；还是以市场为导向，将营销融入质量管理，以营销引领质量管理，TQMK 的核心问题都是质量。顾客需求被看作是 TQMK 活动的出发点(黄祖辉、吕佳、刘东英，2004)，企业需要通过过程的努力(全面质量管理过程或营销过程)，形成顾客需要的质量，才能实现顾客满意(Reddy，1994；McCune，1989；侯贵生，2000；裴羽中等，2005；万后芬，2003，2005)。

从质量和营销的关系研究来看，全面质量营销提出了以产品质量和营销质量的总和来认识质量(科特勒，1999；李宝库，2000)，强调通过全过程的努力，实现顾客满意。

科特勒所提出的反映营销质量的六个方面，每一方面都影响着顾客价值的实现。“营销者正确识别顾客的需要”和“确保顾客的要求正确地传达给产品设计者”，这是顾客价值创造的基本点和出发点，只有准确地了解、感知和把握顾客需要，才能制定正确的产品方

①菲利浦·科特勒著，梅清豪译. 营销管理(第 11 版)，上海人民出版社，2003 年，第 93 页。

案和质量标准，使产品质量合乎顾客的要求；"确保顾客的订货正确而及时地得到满足"和"检查顾客在有关如何使用产品方面是否得到了适当的指导、培训和技术性的帮助"，可使顾客感知到产品服务带来的价值，帮助顾客在产品的购买和使用中获得体验价值；"售后与顾客保持接触，以确保他们的满足能持续下去"和"收集顾客有关改进产品服务方面的意见，并将其反映到公司各有关部门"，则跟踪顾客的意见，使顾客的意见得到反馈，有利于提高未来产品的价值，使顾客获得新产品的价值增值。

由此可见，营销质量各方面对顾客价值的形成直接产生影响。全面质量营销思想和顾客价值的联系十分紧密，在顾客价值的形成过程中，顾客对质量的感知，不仅仅是对企业提供给顾客的产品或服务本身属性和要素的期望和认识，还应包括顾客对企业的营销质量，特别是外部营销过程中的质量的感受，上述理论研究反映了这一点。在顾客价值的构成中，有必要考虑顾客对外部营销质量的感知，关注外部营销质量和顾客价值形成过程的关系。

第三节　研究总评

一、市场导向与顾客价值的关系研究总评

（一）市场导向

市场导向理论研究有对信息的处理行为、组织文化的构成两种视角。Kohli and Jwaorski 的信息观对市场驱动型企业的新产品研发过程的探讨有重要的指导意义；Narver and Slater 从组织文化角度的论述，拓宽了对市场导向内涵的认识，是对市场导向行为的影响因素的更全面的思考，提示我们在了解顾客需求或顾客价值的时候，需要考虑市场竞争者和企业自身资源的情况，创造出既有市场竞争力又对企业具有可行性的顾客价值。

根据 Jaworski，Kohli and Sahay 以及 Day 等的观点，将市场导

向的实施方式分为市场驱动和驱动市场两种形式，有助于深化对创新理论和新产品开发理论及实践的认识，特别是驱动市场的概念对创新型企业的发展有重要的指导意义。

（二）市场导向和顾客价值关系

对于市场导向的两种视角，无论以何种方式衡量企业的市场导向观念，市场导向作为企业的营销观念和经营哲学，对顾客价值的创造活动具有指导意义。Kohli and Jaworski 的信息观提供了创造卓越顾客价值的可操作方法，企业可以通过信息的产生、传递和沟通以及信息的反馈三个环节发现顾客需求，在此基础上改进顾客价值创造流程，提升顾客价值，获取企业竞争优势。Narver and Slater 的组织文化观念全面地提供了顾客价值创造的准则，其思想被学者们在顾客价值研究中广泛运用。和单纯的顾客导向的顾客价值观相比，组织文化观念强调在顾客价值的形成中考虑企业及竞争者相关因素的影响，有利于企业均衡顾客、企业及竞争者三大因素，创造和提供合理的顾客价值。

Jaworski，Kohli and Sahay 以及 Day 等的基于市场作用方式的市场导向观对企业利用创新和新产品开发理论的作用挖掘顾客需求、创造顾客价值具有重要的意义。

基于本课题的研究，选择 Narver and Slater 的组织文化观来描述市场导向，有利于全面分析市场导向作为一种营销观念对顾客价值活动的影响。纵观中外学者的相关研究，一方面，顾客导向的相关因素对顾客价值的影响的探讨已经较多，相关问题在第二章已经作过较多阐述。企业导向的某些因素，如组织能力、组织要素、企业领导力等已经受到学者的关注，但探讨的广度还不够。竞争者对顾客价值的影响在理论层面有过讨论，但鲜有学者在实证分析中将竞争者的因素结合进来，因此，市场导向对顾客价值的影响尚缺乏全面的探讨。另一方面，在相关探讨中，学者们都是以静态的顾客价值模型展现顾客价值维度，也就是说，研究的是市场导向的相关因素对静态的顾客价值相关要素的作用，而市场导向与动态的顾客价值层次模型的关系研究还很欠缺。这两方面研究中的不足,给本研究提供了研究空间。

创造优越顾客价值,应将单纯顾客观点或单纯企业观点转变为市场导向观点(罗青军、项保华,2003)。就本研究而言,探讨市场导向的顾客价值的形成,关注顾客、竞争者、企业自身能力三方对顾客价值活动的影响,Narver and Slater 的组织文化观念将会作为研究模型的构建中市场导向观思想的体现。本研究中,将利用 Narver and Slater 理论的思路定义市场导向,研究市场上顾客需求、竞争环境和企业能力因素对顾客层级价值的驱动作用。

二、营销质量与顾客价值的关系研究总评

(一)营销质量

营销质量是全面质量营销中质量的重要组成因素之一。以往的研究中,质量管理研究理论和营销管理研究理论在对质量的关注上存在差异。

质量领域的研究中,对质量的定义是逐步发展和完善的。从突出产品规格和标准的符合性质量到突出对用户需求满足的适应性质量,概念的演进彰显了企业管理思想上从生产中心论到顾客中心论的转变,说明产品和服务质量的成功要考虑顾客的声音。而 Feigenbaum(1983)对全面质量管理中全面质量的定义,全面地阐述了质量的内涵,只是该定义较为抽象、宏观,虽然概括了质量的所有内容,但并不便于操作。

营销领域研究中,围绕实现顾客价值,创建竞争优势,产品和服务质量作为价值构成的基本内容也受到了关注。营销者通过研究发现了有形产品和无形服务两者在质量维度上的差异,这是营销研究中对质量研究的重要贡献。同时,营销研究中对质量的顾客感知特征的认识,突出了消费者主权论思想在企业制定质量战略中的重要作用,感知质量成为营销领域顾客价值研究中顾客导向的重要标志。

全面质量营销理论研究实现了质量和营销的融合,市场营销活

动的开展使企业提供的适应性质量和市场中顾客感知的质量实现了良好的对接。全面质量中除产品质量外，营销质量是其重要的内容。

对于营销质量，现有研究文献不足，学者表述不统一。对营销质量的涵义，从概念的层面来理解，虽然表述方法上不同，但是基本的理解是一致的，即营销质量是营销活动的质量，或是营销过程的质量。将营销活动过程分为外部过程和内部过程，能够方便研究者更好地探讨市场中企业面对顾客的营销活动的效率，有助于企业改进营销组合策略，实现顾客满意。

只是从研究现状来看，由于全面质量营销理论研究还处于起始阶段，相关研究还较缺乏，目前对营销质量的研究还处于定性研究阶段，缺乏相关的实证研究支持。

本研究中，基于探讨企业外部营销活动的过程对顾客感知价值的影响，将营销质量定义为“为了实现顾客价值，企业所开展的满足顾客需求的企业外部营销活动的质量”。营销质量代表企业外部营销活动的质量。

（二）营销质量和顾客价值关系

营销质量和创造顾客价值密切相关。企业营销过程质量的好坏，一是影响顾客对产品和服务质量的感知，对其期望和欲求产生作用；二是影响顾客对质量的体验，影响体验价值。其最终结果是影响顾客满意目标的实现，从而使其产生不一样的顾客感知价值。

在企业顾客价值创造活动中，管理者应该以市场导向观念指导相关活动的开展，同时，将全面质量营销思想贯穿活动之中，注重提高营销质量，以创造顾客满意的优异的顾客价值。

由于营销质量是全面质量营销观念下的新概念，本身尚欠缺实证研究支持，其与顾客价值的关系研究也只是在其他领域相关研究中被研究者提及，本书将营销质量作为顾客价值驱动因素提出，实证研究其对顾客价值层级的作用方式，研究结果将丰富营销质量和顾客价值研究内容，并对企业重视营销质量、提高顾客价值的营销活动有重要的指导意义。

本章小结

市场导向和营销质量是影响顾客价值形成的重要驱动因素。本章对这两个概念从概念本身相关研究和其与顾客价值的关系两个方面进行了研究和分析，并在此基础上进行了研究总评。

市场导向是企业的经营哲学和指导思想，是企业将顾客利益置于首位的一整套信念。市场导向可以用信息观、组织文化观的方式来衡量，其实施方式可以分为市场驱动和驱动市场两种方式。市场导向对顾客价值的形成有着指导作用，是顾客价值形成的前置影响因素。本研究中将以组织文化观作为市场导向的衡量标准，探讨顾客、竞争者、企业自身能力三方对顾客价值活动的影响。

营销质量是全面质量营销的重要概念，是全面质量构成的重要内容。质量管理研究和营销管理研究中，都对质量的涵义进行了阐述，两者关注的重点不尽相同。质量管理研究关注企业生产的产品和服务的质量，营销管理关注市场中顾客感知的质量，全面质量营销使二者实现了融合，通过提升企业营销活动的质量，保证顾客需求的满足，实现顾客价值。企业营销活动的质量，表现为外部营销活动质量和内部营销活动质量。营销质量影响顾客对产品知识的感知，影响顾客对产品质量的体验，是顾客价值形成的重要驱动因素。本研究将从外部营销活动角度理解营销质量，将营销质量定义为“为了实现顾客价值，企业所开展的满足顾客需求的企业外部营销活动的质量”，探讨营销质量对顾客属性价值、体验价值和目标价值的作用机制。

第四章 研究设计

本章将根据前述文献回顾和相关因素分析的内容，阐述构建本研究的理论模型的思路，并通过学者的相关研究和探索性调研，提出研究假设，确定理论模型中各变量的量表，阐述研究中样本的收集过程以及将要采用的数据分析方法。

第一节 理论模型及研究假设

本节将以本研究所探讨的相关理论为基础，根据研究目的，探讨研究的理论模型，并根据相关学者的研究，推导出本书的研究假设，在此基础上整合性地设计出研究的理论模型。

一、理论模型的构建思路

本书第二章的文献研究综述，反映了学者们在顾客价值理论研究以及顾客价值驱动因素研究方面的研究成果，陈述了研究中存在的分歧，阐明了笔者的看法和认识。本研究的对象为企业，研究内容为顾客价值，将企业对顾客价值的认知看作是对动态过程的顾客价值的认知，在这一认知过程中，思考下述三个方面的问题，以形成本书的研究思路。

(1)顾客价值动态性认知过程是否存在理论依据？能否作为本研究的基本构架？

(2)如果上述观点成立，企业的市场导向观在这一认知过程中如何理解，以一种什么样的方式指引企业对顾客价值的认知？

(3)全面质量营销思想的质量观如何在顾客价值的认知中得到

反映？特别是营销质量如何影响顾客价值？

对上述三个方面问题的回答，实际上是对本研究的理论模型构建思路的解释。下文将对此逐一进行阐述。

(一)动态性的顾客价值观念的理论依据

1. 认知理论

认知理论(cognitive theory)是心理学有关学习理论中的一个重要的理论[①]，它建立在格式塔心理学原理的基础上[②]，认为动物和人的显见(molar)的行为是可以被理解的，它具有目的性，是根据对环境中的目标和导致这一目标的手段之间的关系的认知而来的(Tolman，1932)[③]。所谓认知，是指通过心理活动(如形成概念、知觉、判断或想象)而获取知识，即通过对作用于人的感觉器官的外界事物进行信息加工的过程，而获得对研究对象的整体认识。心理学家认为，人对客观事物的认知是一个非常复杂的过程，是人由表及里、由现象到本质地反映客观事物特征与内在联系的心理活动。

以信息加工观点研究认知过程是现代认知心理学的主流，它将人看作是一个信息加工的系统，认为认知就是信息加工，包括感觉输入的变换、简约、加工、存储和使用的全过程。按照这一观点，认知可以分解为一系列阶段，每个阶段是一个对输入的信息进行某些特定操作的单元，而反应则是这一系列阶段和操作的产物。信息加工系统的各个组成部分之间都以某种方式相互联系着。

社会心理学家也对认知理论提出了他们的看法。考夫卡认为，

---

①学习理论中有两种代表性的理论：一个是S－R理论，另一个是认知理论。其中，S－R理论亦称刺激-反应理论，就是把学习看作为某种刺激(S：stimulus)与某种反应(R：response)的结合。认为通过刺激的不断的强化作用，可以帮助个体形成某种习惯性的反应。

②格式塔心理学是针对构造主义心理学而言的。构造主义心理学认为，复杂的知觉是简单感觉的束捆，意识经验是各种简单元素的群集。而格式塔心理学认为整体不能等同于部分之和，意识不能等同于感觉元素的集合，知觉是重新组织的结果，形成了一个整体的结构。

③托尔曼，Tolman著，李维译．动物和人的目的性行为，浙江教育出版社，1999年。

世界是心物的，经验世界与物理世界不一样。观察者知觉现实的观念称做心理场（psychological field），被知觉的现实称做物理场（physical field）。由于环境、个人及个人行为的认识、意见和信念的差异，两者之间存在着认知不和谐的状态（Festinger，1957）[①]。而人在认识中总是会寻求一种平衡的、一致的、协调的状态。如果不协调，他将感受到心理上的压力，改变态度，进而引起认知结构的重新组合，形成对知觉对象的整体认识，达到态度和行为的一致。

现实中，顾客对企业的产品和服务的价值感知也是一个对信息加工处理的过程，是一个对包括产品和服务、购买和使用环境、企业资源等这个现实的物理场的知觉，和顾客自身观念这个心理场的不和谐状态的协调并使其一致的过程。因此，企业对顾客感知价值的认知可以通过对这一过程的了解来实现。具体而言，可用下述手段-目的链理论进行解释。

2. 手段-目的链（Means-End Chain）理论

手段-目的链也称为方法-目的链，是认知理论的具体运用。该理论阐述了个人价值影响个人行为的方法，最早是由心理学家 Milton Rokeach 提出的[②]。他认为价值观是一种持久的信念，是一种具体的行为方式或存在的终极状态，是个人或社会对与之相反的行为方式或存在的终极状态的一种喜好。由此，Rokeach 提出了两组价值观：目的价值观和手段（或工具）价值观。前者指的是价值存在的结果的最终状态，即人一生中最想达成的目标，如成就感、健康、权力等；后者指个人偏爱的行为方式，即达成目标的手段与行为模式，如诚实、勇气、开放的心态等。

之后，Gutman（1982）等将它运用到营销学中研究消费者的行为。如图 4－1 所示，Gutman 提出了手段-目的链的概念模型。他认

①Festinger 是美国社会心理学家，1957 年提出了“认知失调论”，该理论成为许多理论的基础。

②Rokeach，M，The Nature of Human Values. New York：Free Press，1973.

为,顾客价值决定了消费中顾客对结果的评价指标和各指标的重要性,形成顾客心目中用价值作为标准的评价结果,而且顾客会考虑到受环境影响的生产和使用情境,对上述用价值评价的结果作出修正,相应的结果成为产品按功能性标准进行分类的依据,依此生产的产品的属性就能够反映顾客期望的结果并且避免不期望的结果出现。

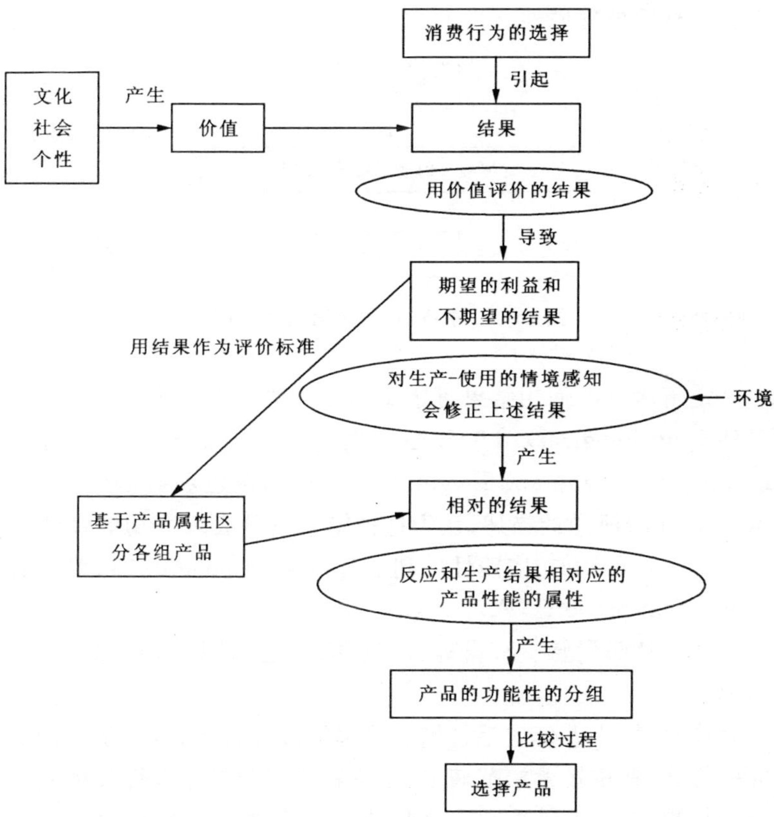

图 4-1　手段-目的链概念模型

(资料来源:Gutman J., A means-end chain model based on consumer categorization processes. *Journal of Marketing*, 1982,46,pp. 60～72.)

Gutman的观点可以用图4-2简单描述。顾客在购买产品和服务时，其出发点是实现一定的价值，为了实现这一价值需要取得一定的结果或利益，为了实现这一利益需要购买一定的产品和服务的属性，由此便构成了一个属性、利益和价值之间的关系链条。该链条中，属性、利益和价值分别用下述一些指标来描述。

属性包括原材料、形态、制造过程等内部属性，以及服务、品牌、包装和价格等外部属性。

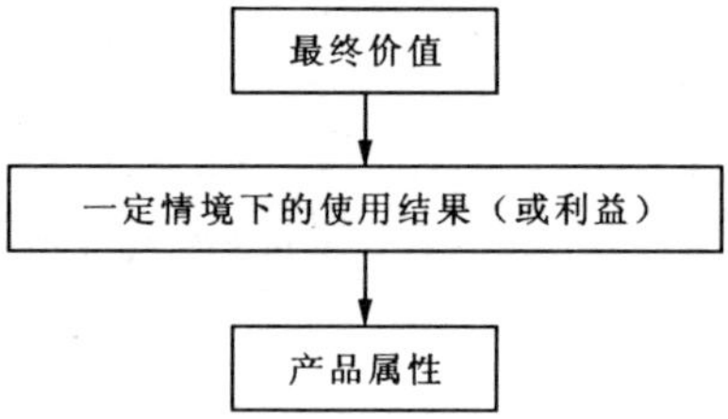

图4-2　手段-目的链简化示意图

一定情境下的使用结果可定义为和消费行为直接或间接相关的生理性（physiological）结果和心理性（psychological）结果。同时，Gutman引用Young and Feigin（1975）利用灰色利益链（The Grey Benefit Chain）所做的描述，认为这种结果也可表现为功能性的利益（functional benefits）、实践性的利益（practical benefits）和情感的权衡（emotional pay-offs）①。

价值包括归属感、爱、自尊、成就感、社会认同、享受、安全、快乐等内容。

具体地说，个人价值是人们所追求的最终目标，手段是人们实现目标的方法，在市场营销范畴中，手段就表现为产品属性及由此带来的使用结果或产品利益。这就形成一个手段-目的链（Means-end

①Young, S. and B. Feigin, Using the Benefit Chain for Improved Strategy Formulation. *Journal of Marketing*, 1975, 39, pp. 72～74.

Chain):产品属性—产品利益—个人价值。手段-目的链反映了顾客的需要和实现这种需要的手段之间的关系。

Gutman 的观点阐释了顾客购买过程中对产品信息的分类的缘由,对顾客选择不同产品类型的原因进行了解释,认为这是一种在一定目标追求下的行为反映。

Woodruff 的顾客价值层次模型便是将 Gutman 的手段-目的链的理论运用于顾客价值研究,认为这样可以抓住顾客价值的实质(Woodruff,1997)。他用顾客目标和目的、使用中期望的结果、期望的产品属性和属性的绩效来描述顾客价值的三个层次。如图 4-3 所示,他认为顾客价值的形成是从层级的底部开始,由产品属性到使用中的结果或利益到目标和目的价值的一个发展过程。

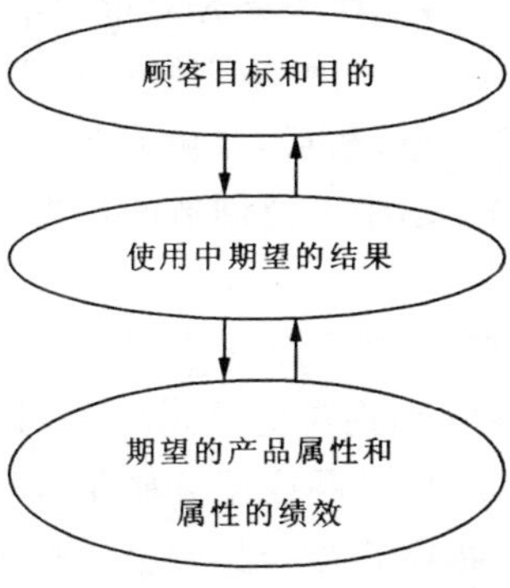

图 4-3 期望的顾客价值层次

Woodruff 对顾客价值层次的理解,将学者们对这一概念的多维度、多方面的认识构成了一个整体,他的观点反映了认知理论在顾客价值理解过程中的运用。Woodruff 的观点特别强调使用情境对价值感知中的影响,指出购买和使用中环境的变化会形成对某些属性和绩效的期望和偏好,也会对达到相应的目标和目的有着期待(Woodruff,1997)。

对于 Gutman 和 Woodruff 提到的使用情境对价值感知的影响

问题，体验营销理论对此作出了探讨。B Joseph Pine Ⅱ 和 James H Gilmoer 在《体验经济》一书中将消费者在一定环境中参与经济活动的方式称为“体验”[①]；Bemd H Schimtti(1999)在对体验营销(Experiential Marketing)研究中称之为“顾客体验”；Matwhikc(2001)则认为顾客在这一过程中获得的体验包含了体验价值(Experiential Value)[②]；苏嘉杰(2003)认为体验价值是顾客依据体验到的利益和成本，对产品、服务作出的整体评价；廖以臣(2005)认为这种体验价值包括心理和功能两个层面；徐虹(2004)认为它是顾客体验消费中不断学习和认知的结果。

企业在顾客价值的认知过程中，应该追寻顾客感知价值的动态过程，首先从层级的底部开始，了解顾客对产品属性和属性绩效的感知，即产品的属性价值，将此作为顾客对价值的起始期望；之后，要了解顾客在购买和使用中对一定情境下顾客对期望的结果或使用利益的偏好，即顾客的体验价值；最后，了解顾客对最终目标和目的的满足程度，将之作为营销活动中价值创造的依据，即价值的最终评判的标准。

根据上述研究思想，形成了基于手段-目的链的顾客价值基本研究思路(图 4 - 4)。其中，属性价值是指顾客对于基于产品或服务属性和属性绩效的感知，即以产品或服务质量描述的价值，这是价值的基本内涵；体验价值是指顾客在产品或服务购买和使用情境中，对由产品或服务所带来的利益的感知，它是一定环境作用的结果；目标价值是指顾客在对企业产品或服务所应带来的结果和利益的基础上，对价值的最终评价。由属性价值、体验价值到目标价值，这种认识反映了顾客在消费的购买决策过程中，对产品或服务所带来的价值的

---

①约瑟夫·派恩、詹姆斯·吉尔摩著，夏业良、鲁炜等译. 体验经济，机械工业出版社，2002 年。

②Mathwick, C., Malhotra, N., Rigdon, E., Experiential value: conceptualization, measurement and application in the catalog and Internet shopping environment. *Journal of Retailing*, 2001, 77, pp. 39～56.

感受过程。

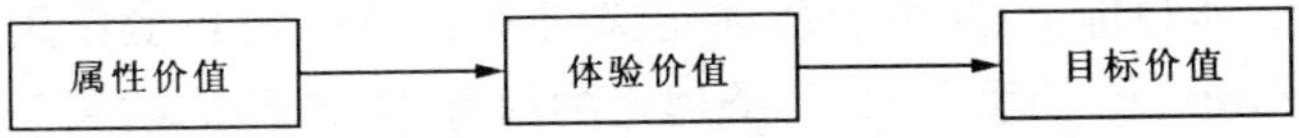

图 4-4 企业对顾客价值层次的认知

(二)市场导向、营销质量与顾客价值层次模型的关系

1. 市场导向与顾客价值层次模型

由第三章第一节的市场导向研究可知,市场导向有多种研究视角,而本研究中是将 Narver and Slater 的组织文化观念作为顾客价值认知模型构建中市场导向观的思想体现。

从市场导向观来看,以往对顾客价值的研究视角存在不足(罗青军、项保华,2003),要么是企业视角的研究,要么是顾客视角的研究,或者是企业-顾客视角的两维思考,而且,大多体现为一种静态的顾客价值的分析。对此,第三章已有详细的回顾与分析。研究中鲜有从市场导向的三维视角的顾客价值的探索,特别是用动态的眼光思考这一问题。

顾客价值层次论的认知过程为市场导向观念的全面体现提供了一个较好的基本思路和构架。图 4-4 反映了企业对顾客价值层次的认知过程,从属性价值、体验价值到目标价值,顾客价值的层次反映了认知不同阶段顾客价值的内涵,体现了顾客对价值的感知,是企业顾客导向思想的反映。

值得关注的是,顾客在对价值的整个感知过程中不是独立于环境之外的,会受到环境因素的作用和影响。

对于属性价值所反映的产品属性和属性的绩效,Zeithaml (1998)用产品的内在属性(Intrinsic Attributes)和外在属性(Extrinsic Attributes)来描述,它是顾客对产品属性的一种感知,是顾客对企业产品客观质量的一种主观认识,竞争越激烈,竞争对手越强大,产品标准制定得就会更加完善,企业对自身产品的符合性、适用性和适合性考虑得就会更加周全,顾客对产品质量的感知就越清晰,因此,竞争会对质量的评价产生影响。

对于体验价值,从前面所述定义可知它是一定环境作用下的产物。在 Gutman 的手段-目的链理论的解释中,产品的购买和使用情境是影响顾客对价值的感知和评判的重要因素,它指所有涉及产品和服务使用的环境(Gutman,1982)。Woodruff 的顾客价值层次论遵从了这一看法。一些学者用专门的变量来解释环境对消费者购买和使用情境的影响。Russell W Belk (1975)在其研究中使用了环境变量(situational variables)一词阐述了这一问题①,Fennell(1978)在对个人和环境相互作用的研究中,将环境变量分为前置市场环境变量(pre-marketplace environment variables)和市场变量(marketplace variables)两种。前者包括一些物理的、社会的、任务性质的变量,它们决定了顾客对产品使用的情境的感知,是一些营销者不可控制的因素;后者则是一些和市场相关的营销者能够控制的变量,如品牌、市场营销沟通方式、销售、口碑、企业的各种机构等。

由此看来,各种客观的、主观的,外在的、内在的因素都会对顾客对价值的认识过程带来影响。从主观的、外在的角度来分析,竞争者在市场中提供的同类产品、竞争者的营销活动行为等都会对顾客的选择和消费产生作用,影响顾客对使用层面的顾客价值的满意,进而影响到顾客对价值的偏好和评价。

同理,从企业的角度来看,这种影响更是不言而喻,企业是顾客价值创造活动的主体,是产品属性的提供者,是购买和使用情境的参与者之一,企业提供的产品和服务的质量及营销质量的高低,直接影

---

①Belk 将影响消费者消费行为的环境变量归为五种:①物理环境(Physical Surroundings),包括地理位置、装饰、声音、气味、光线、气候、物体可见的外观等;②社会环境(Social Surroundings),包括个体的存在、他们的性格、重要性、相互间的作用;③时间层面(Temporal Perspective),包括一些用时间反映的概念(如年、天、上次的购买、支付前等);④目标的限定(Task Definition),包括选择、采购的意图、为特定的购买获取信息等;⑤前置状态(Antecedent States),包括一些瞬间的方式和条件,如极度的焦急、高兴、诚实、激动和手持的现金、疲劳、生病等。

响到顾客对产品属性及其属性的绩效和对使用中获取的结果和利益的感受、偏好和评价。刘石兰博士(2007)研究表明:组织执行(能)力、组织运营(能)力和组织支撑(能)力均对顾客价值产生正面影响。

企业自身跨部门协调能力越强,内部的营销质量当然就越高,设计和制造的产品和服务就越能顺应顾客的需求,同时,如果企业对竞争者和顾客的信息把握得越好,在市场上设置的营销活动的策略就越有效。顾客在购买和使用过程中对企业的感知就越深刻,从企业的营销活动中获得的心理利益就越强,体验价值就越高。

总结以上论述可知,市场导向观的顾客价值体现在顾客价值层级的认知过程中,企业应该认识到,顾客对价值的认识过程是一个在竞争环境下对企业提供的产品和服务所带来的属性、利益和终极价值的感知、偏好和评价的过程,是顾客、竞争、企业三方因素影响的结果。企业的市场导向观指引着企业的市场营销活动,使企业产品与服务的开发和生产以及营销活动战略和策略充分体现企业对顾客、竞争和自身能力三方面的思考,即市场导向观念直接对企业产品的属性价值和营销质量带来影响,并且通过这种影响,使顾客在购买和消费中产生特定的感受。

2. 营销质量与顾客价值层次模型

从第三章第二节营销质量的研究可知,全面质量营销(TQMK)通过营销质量(MQ)和顾客价值紧密地关联在一起。全面质量营销提出了营销质量这一概念,用营销质量来描述营销活动过程的状况。将质量看作是产品质量和营销质量的总和(科特勒,1999;李宝库,2000),使人们对质量这一概念有了一个全面的认识,这种新的认识势必引起和质量相关领域研究的新的思考。

营销质量将营销过程列入了质量思考的范畴,从科特勒对营销质量的论述的六个方面不难看出,他所说的营销质量实质上是外部营销活动质量,除影响顾客对产品质量的属性认知是属性价值的前置因素外,还影响顾客对产品购买和使用的结果和利益的感知。正确识别和传递顾客需要、收集和反馈顾客意见,影响着产品属性和属性的绩效;确保顾客订货,对顾客适当的指导、培训和技术性的帮助,注重售后服务,实际上是企业在顾客购买和使用情境中所起到的作用,其结果使顾客对一定购买和使用情境中的结果或利益的获取产生影响,营销质量也是顾客体验价值的前置因素之一。

由上述论述可知,顾客价值认知层次论的观点合乎认知规律;市场导向观有利于从顾客、竞争和企业三方面协调,全面认识顾客价值,此观点丰富了顾客价值的研究视角,是本书的重要创新之一;营销质量是顾客对基于产品和服务的属性和属性绩效以及产品购买和使用中体验结果或利益感知的重要影响因素,这一点丰富了顾客价值的研究内涵,是本书的另一重要创新。

二、本研究的研究假设

本研究将市场导向、营销质量、属性价值、体验价值和目标价值纳入研究模型中,根据上述变量之间的关系的探讨,从中揭示出市场导向、营销质量和顾客价值认知过程的关系。在此提出如下具体假设。

(一)属性价值、体验价值的关系假设

本研究中的属性价值和体验价值源于 Woodruff 顾客价值层次理论内容的思考。对图 4-4 的解释已经说明了两者的关系。以产品属性和属性绩效描述的属性价值,究其实质,是产品质量的反映,是顾客价值内涵中最基本的要素,它是顾客在购买和使用前对产品属性和属性绩效的一种期待。而体验价值则是购买和使用产品和服务的过程中,面对各种客观的和主观的环境因素,顾客对所感知的由购买和使用产品而产生的结果和得到的利益的一种主观的感受和认识。如果产品本身质量好,性能优异,满足顾客的需要,势必会为顾客的体验价值奠定一个良好的基础,有利于顾客在消费中实现对功能性利益的追求。因此,本研究提出如下假设:

H_1:属性价值对体验价值有正向的显著影响。

(二)体验价值与目标价值的关系假设

本研究中的体验价值、目标价值同样源于对 Woodruff 顾客价值层次理论内容的思考。体验价值前面已经做过解释，而目标价值是指顾客经历了消费过程，在感知产品的市场价值的基础上，对企业满足顾客实现终极价值目标和目的的评价。顾客在消费过程中，功能的、情感体验的、金钱的、心理的，任何一方面利益的满足，都会成就他在某一方面的价值感，对顾客的价值评价产生积极的影响。因此，本研究提出如下假设：

H_2：体验价值对目标价值有正向的显著影响。

(三)市场导向与属性价值、营销质量的关系

市场导向是企业经营活动的一种经营观念和经营哲学。从 Narver and Slater 的市场导向观出发，强调顾客、竞争者和组织跨部门协调三个方面的作用(Narver & Slater，1990)。本章前面"市场导向观与企业顾客价值认知过程的关系"分析中，对市场导向与顾客价值的关系进行了阐述，并得出结论：市场导向观影响顾客的属性价值。

同时在市场导向和营销质量的关系阐述中，也明确指出市场导向影响企业营销活动的战略和策略。企业的市场导向观念越强，所设置的营销活动就越能反映顾客的需求，越能适应市场上竞争的需要。因此，本研究提出如下假设：

H_3：市场导向对属性价值有正向的显著影响。

H_4：市场导向对营销质量有正向的显著影响。

(四)营销质量与属性价值和感知价值的关系

根据科特勒对营销质量六个方面的认识，笔者已经在前面作出了分析和评价，结果显示提高营销质量一方面有利于企业制定正确的产品方案和质量标准，使产品质量合乎顾客的要求，另一方面可使顾客感受到产品和服务带来的价值，帮助顾客在产品的购买阶段获得体验价值。因此，本研究提出如下假设：

H_5：营销质量对属性价值有正向的显著影响。

H_6：营销质量对体验价值有正向的显著影响。

三、理论模型的构建

由上述理论模型构建思路的论述和本研究研究假设的推导，可以初步形成本研究的理论模型，如图 4－5 所示。

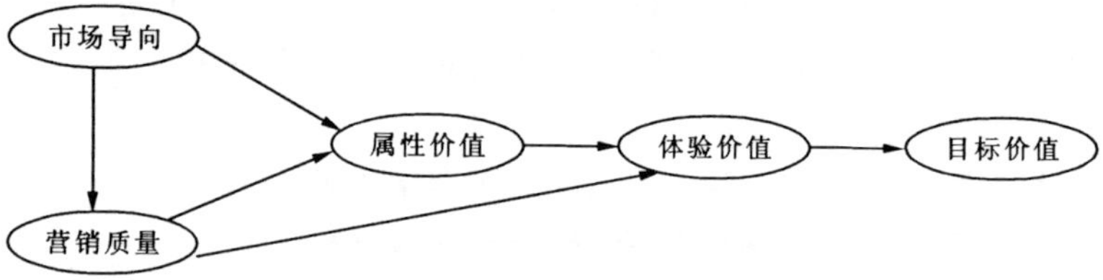

图 4－5　市场导向、营销质量驱动的顾客价值理论模型

从模型的图示可以看出，顾客价值是一个层级的概念，始于属性价值，经过体验价值阶段，形成最终的目标价值；市场导向作为一种观念，会影响属性价值和营销质量；营销质量会对属性价值和体验价值产生影响。

第二节　个案调研

本章第一节中，笔者根据国内外现有研究成果，探索性地推导出本研究的理论模型。该模型是否适合我国企业的营销实践，模型中的各个变量间的关系是否能够得到营销理论研究和实践者的认可，各变量的理论描述是否得到认同，特别是营销质量这一新的概念如何被理解，这些问题有必要在探索性研究阶段进行研究。为此，在进行本理论模型的量表设计之前，笔者及本研究所属的基金项目课题小组的成员，通过深度访谈和焦点小组访谈的方式，收集了有关人员的意见，以确定本研究的理论模型和研究变量的可操作性，为后续研究奠定基础。

一、访谈方法

访谈就是研究者寻访、访问被研究者并且与其进行交谈和询问的一种活动，是研究者通过口头谈话的方式从被研究者那里收集(或者说"建构")第一手资料的一种研究方法(陈向明，2004)①。所以，它实质上是一种研究性的交谈。通过访员和受访人员的交谈，可以了解受访人的心理和行为，该方法在心理学和社会科学研究中被广泛采用。

访谈不同于日常的谈话，访谈者有权利控制双方交谈的内容、谈话的风格以及信息的类型和容量(Bernard，1988)②。访谈作为一种言语事件，访谈者可以根据研究需要，事先拟定访谈提纲和某一题目，由访谈者和受访者进行自由交谈，访谈者可以根据需要，调整访谈的内容、深度和广度，从受访者的答复中搜集客观的、不带偏见的事实材料，以准确地说明总体中的样本的具体特征。通常，在研究比较复杂的问题时，需要向不同背景的人了解不同类型的材料。这样有助于访谈者对研究的现象获得一个比较广阔、整体性的视野，从多重角度对事件的过程进行比较深入、细致的描述(陈向明，2004)③。

社会科学研究中的访谈可以分为很多类型，在营销问题的定性研究阶段，深度访谈广为研究者运用。

深度访谈(depth interview)是通过一个经过训练的采访者，针对某一论点以一对一的方式提出一系列探究性的问题，用以得知被访问者对某事的看法、或为什么作出确定的行为的方法(Buens，Bush，2001)④。

---

①陈向明.质的研究方法与社会科学研究.北京：教育科学出版社，2004年，第165页。

②Bernard，H. R.，Unstructured and Semistructured Interviewing. Research Methods in Cultural Anthropology. Newbury Park：Sage，1988.

③陈向明.质的研究方法与社会科学研究.北京：教育科学出版社，2004年，第170页。

④Alvin C. Burns，Ronald F. Bush著，梅清豪等译.营销调研(第二版).北京：中国人民大学出版社，2001年，第195页。

深度访谈双方可以在一个相对较长的时间内进行较深的面谈，访问者从而获得访问对象的不受限制的评论和意见。通常，研究者为了自身研究的目的，会以访问者的身份，对相关人员进行调研，以了解访问对象对所研究问题的观点和意见。有时候，访问者还可以从对象的言语和态度中，发现某些新的有价值的观点，通过双方互动式的交谈，引发访问者对问题的关注和思考，一致对研究的问题进行重新审视，调整研究思路和框架，使研究方案更加切合实际。

深度访谈法能够从受访者的行为和外在表现探究内在原因，在收集深度资料的基础上形成不同于数理逻辑推断和判定结果的、自成一体的定性结论（Goebert and Rosenthal，2001；Balasubramanian and Cole，2002）。本研究在理论研究基础上提出的研究模型框架是否合乎实践逻辑，适合于采用此类方法进行进一步的探索性研究。

本书在探索性研究过程中，主要运用了深度访谈的方法，同时，从成本和便利性的角度考虑，还利用了网络访谈的手段进行访问。

二、访谈对象

为了使访谈达到预期的目的，了解对本研究的理论模型的正确性和适用性，以及对模型中相关变量的看法，本研究对被访样本和被访者个人进行了选择。

本研究的对象是制造业企业，因此，访谈是以制造业企业为样本进行的，选取了湖北省省内外 12 家企业。被访企业有国有企业、外资企业、中外合资企业、私营企业，涉及的行业有工业品制造业、消费品制造业。

访谈对象选取了上述企业中的人员进行。接受访谈的人员为企业中的董事长、总经理、执行总经理（CEO）、副总经理、部门负责人，他们均接受了良好的高等教育，有着丰富的管理经验，受访人均对本公司的经营状况及行业的发展状况非常了解，有助于调研的开展。访谈样本和访谈对象基本信息如表 4－1 所示。

表 4-1　访谈样本和访谈对象的背景资料

受访者	性别	年龄	单位	单位主营业务	职务	学历
黄××	男	44	武汉天达机电设备工程有限公司	制冷系统工程	总经理	本科
王××	男	44	武汉金童子商贸发展有限公司	食品生产和零售	总经理	本科
向××	男	47	武汉世纪金道石油技术开发有限公司	钻机、钻具、空压机制造和销售	董事长	博士
王××	男	36	东风汽车有限公司商用车公司	汽车制造	销售部科长	博士
张××	男	47	海南鑫生实业股份有限公司	珠宝生产和销售	董事长	大专
杨××	男	45	广州广橡企业集团有限公司狮球胶管厂	胶管软管生产和销售	质量管理科工程师	本科
王××	男	41	武汉人福高科技产业股份有限公司	医药、医疗器械、生殖健康产品制造和销售	董事长	博士
刘××	女	37	马应龙药业集团	药品制造、药品研发、医药制造、连锁医院	客服部经理	硕士
唐××	男	44	武汉日电(NEC)光通信有限公司	通信技术开发	技术部主任	硕士
李××	男	46	中国植物油公司长丰分公司	油菜籽加工	董事长	本科
秦××	男	34	广东菱王电梯有限公司	电梯制造与安装	湖北区域经理	大专
付××	男	36	LG电子中国有限公司武汉分公司	电子产品制造和销售	销售主管	本科

三、访谈提纲

为了访谈的有效进行，访问前，笔者围绕本书研究理论模型的基本构架，制定了一份开放式的调研提纲，提出了一些问题，供访谈对象思考回答。访谈中以提纲为中心,尽可能地了解被访者对相关问题深层次的看法,以获取研究所需的相关信息。

除个人和公司相关信息外,本研究的访谈提纲归纳为下述七个问题:(详细访谈提纲见附录一)

(1)您如何理解顾客价值?

(2)您是否认为顾客在购买和使用贵公司的产品和服务前后对顾客价值的认识会存在差异?

(3)您如何理解营销质量?

(4)您认为营销质量是否会影响顾客价值? 如何影响?

(5)您如何理解市场导向?贵公司在经营活动中是否实行市场导向的经营观?

(6)您认为实行市场导向经营观的公司是否会对营销质量和顾客价值带来影响?

(7)您对本研究的理论模型是否认同? 该模型是否适合贵公司所在的行业?

四、访谈信息的分析与整理

围绕访谈提纲,笔者对表 4-1 中访谈对象进行了个别访谈。每次访谈时间大约 40 分钟,所有访谈结束后,根据访谈记录对访谈结果进行了分析与整理。

(一)关于对顾客价值涵义的理解

关于顾客价值,笔者首先说明顾客价值的理解的多种视角,本研究只是探讨顾客感知的价值,请访谈对象陈述对这一概念的看法。在自由表达时,受访者均认同顾客价值的重要性。武汉金童子商贸发展有限公司王经理认为顾客价值是公司带给顾客的利益,海南鑫生实业股份有限公司张董事长也有着类似的看法。作为管理学教授,武汉世纪金道石油技术开发有限公司向董事长,结合自身知识和公司经营经验,对此有着自己深刻的理解,他认为对于产业供应商而言,顾客价值是用户对供应商产品所带来的利益的反映,是企业带给顾客的一组利益，如产品质量、订货和送货的快捷方便、良好的售后服务等，是顾客购买过程中选择产品的重要依据。东风汽车有限公司商用车公司王科长和武汉日电（NEC）光通信有限公司唐部长的感受与此相似，他们都认为顾客价值是顾客需求的反映，是企业关注的重点。

当访谈者阐述了 Woodruff 对顾客价值的解释后，从顾客的角度而言，受访者均认可顾客价值层次论的观点，认为顾客对所预期中的、实际感受到的、最终得到的结果三个方面的评判是在购买过程的不同阶段所产生的认知，无论是产业市场用户，还是消费品市场顾客，他们对产品和服务的认识，在购买和使用产品和服务的不同阶段对顾客价值的感知的确存在差异。

对于本书的顾客价值层级论的定义和层级模型，受访者表示可以接受。对此，马应龙药业集团客服张经理表示，患者对马应龙公司药品的认识在使用之前往往是来自于他人、医生或者是企业的品牌信誉的感召力，使用后根据自身的亲身经历，又会有新的认识，特别是传统优势的产品，往往容易受到患者的青睐，加上企业良好的售后服务，可使患者满意，获得他们对产品的良好评价。广州广橡企业集团有限公司狮球胶管厂杨工谈到该厂产品时也指出，该厂主要生产钻石牌（省著名商标）车胎，新用户和消费者对产品的认识往往从关注产品的品牌、产品的质量性能开始，在购买和使用过程中，企业良好的销售和售后服务系统能够保证顾客获得满意的服务，使顾客对企业的信誉有亲身的感受，有助于提高顾客对企业及其产品的认识，提高顾客的满意度。企业也会通过顾客的购买和使用中提出的问题，不断改进自身的产品，提高产品质量和服务水平，使顾客从使用公司的产品中获得较高价值。

（二）关于对营销质量的理解

对营销质量这一概念，受访者的理解不尽相同，不同的行业关注的重点不同。武汉天达机电设备工程有限公司黄总认为这是与全面质量管理相关的问题，对于其公司而言，体现为公司业务和技术服务人员服务客户的过程的质量，特别是对客户反馈问题的及时解决以及系统安装调试后的技术跟踪支持的效率。海南鑫生实业股份有限公司张董事长以自身企业的实践提出了对营销质量的理解，认为是指与企业销售和售后服务相关的质量，是在市场上服务顾客的质量；作为珠宝制造和销售厂商，营销质量是通过市场推广人员和销售员的工作质量表现出来的。LG武汉公司销售主管付××及广东菱王电梯有限公司区域经理秦总都认为营销质量是企业市场活动的质量，对于LG公司而言，营销质量更多地表现在企业的各种市场推广和渠道活动的成效之中，帮助顾客了解和获得公司的产品。而对于菱王电梯有限公司而言，营销质量则通过企业安装人员的服务和企业售后的处理和服务得以表现。人福科技王董事长则指出质量应该包括产品质量和营销质量，营销质量指帮助产品质量满足顾客需求和欲望的营销过程的质量，涉及到产品设计、生产、定价、销售和促销的各个环节，是整个流程的质量。

对上述认识进行分析发现，虽然受访者对营销质量的理解侧重点不相同，但都倾向于从顾客感知的角度理解营销质量，即将营销质量理解为企业外部营销活动过程的质量。营销质量的好坏，直接影响到顾客对企业产品的认知和喜好，对顾客感知价值带来影响。总体说来，工业品制造商比较偏重对用户提供的服务措施和售后的处理，消费品制造商则比较重视渠道措施和市场促销行为。对于笔者所阐述的科特勒对营销质量六个方面的描述，受访者均表示赞同。

(三)关于对市场导向的理解

对于市场导向问题，受访者的观点较为一致，认为市场导向是企业重要的经营理念，体现为企业的经营活动从顾客需求出发，从市场的竞争出发来考虑。LG武汉公司销售主管付××对市场导向进行了阐述，他认为对于一个生产消费类电子产品的企业，市场导向意味着从顾客需求出发，了解顾客对产品的价值期望，了解竞争对手的产品和服务在市场上的反应，关注市场动态，保证企业提供给市场的产品和服务富有特色，满足顾客的需求。武汉世纪金道石油技术开发有限公司向董事长认为市场导向观念会影响企业的竞争战略，市场导向的企业会时刻关注顾客的需求，会体察市场竞争的变化，及时调整自身的服务和策略，保证竞争优势，是实现顾客价值的重要理念。

(四)对本研究理论模型的认识

对于本研究的理论模型中研究变量及其之间的关系，访谈对象也都给出了看法。

对于模型中的五个研究变量，除目标价值变量外，其余四个变量的含义都能理解，目标价值这一变量为笔者根据研究需要所作出的界定，反映的是顾客在对企业的产品和服务经历了期望和感知的过程后，对企业提供的顾客价值的结果的评价。对于这一界定，受访者均能够接受。

对于模型中各变量之间的关系，受访者同意这些关系的存在。关系的强弱则有待实证研究结果的支持。

在上述对研究模型和变量个案调研的基础上，下节将进行量表设计。

第三节 量表设计

本研究的变量包括属性价值、体验价值、目标价值、市场导向和营销质量五个变量，其中前三者是顾客价值层级的反映。量表设计中，笔者将按照图 4 - 6 所示的流程进行。将根据文献分析的结果，结合本研究的需要，首先给出各变量的测量指标，形成试调研问卷。之后，根据试调研结果，调整问卷内容，形成正式问卷。问卷测量项目均采用 Likert 5 点尺度测量。具体见以下各变量的测量维度和测量量表选用的描述。

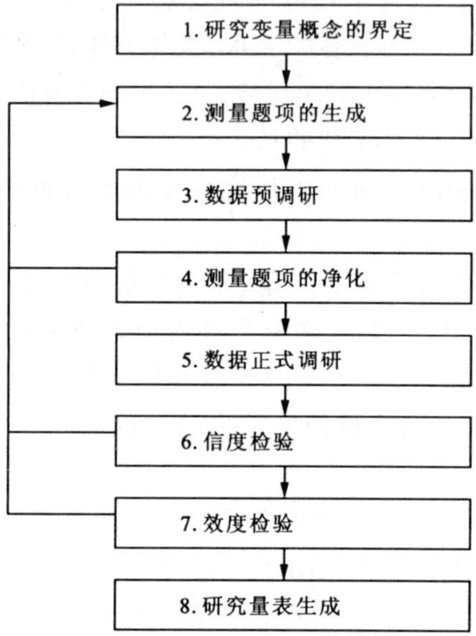

图 4-6　测量量表设计流程

一、研究变量概念的界定

(一)顾客价值变量

1. 属性价值

属性价值(Attributive Value)是期望的产品的属性和属性带来的绩效的反映(Woodruff，1997)，Zeithaml(1988)用感知质量这一定义来衡量，认为是顾客对产品的卓越性或优异性(superiority or excellence)的评价。关辉和董大海(2008)使用 Zeithaml 的定义，将之理解为是对产品属性的总体性评价。也有学者用产品的效用(utility)来描述。它是价值层级中最低层级价值的反映，也是价值构成中最基本的内容。

由第二章的回顾可知，Zeithaml 认为感知质量在属性的构成方面表现为产品的内在属性和外在属性两个方面(Zeithaml, 1988)[1],如图4-7所示。从其论述可知,内在属性是产品所特有的质量的特征,它形成了产品较为抽象的概念(Zeithaml, 1988)。对此,学者们在研究中针对所研究的行业有不尽相同的描述指标。Parasuraman、Zeithaml & Berry(1985)在对服务业的研究中,发现了服务感知质量属性的五个维度,即SERVQUAL量表指标:可靠性(reliability)、响应性(responsiveness)、保证性(assurance)、移情性(empathy)和有形性(tangibles),其结果在服务业的研究中被广为运用。而对有形产品的感知质量维度的研究,由于产品特性的差异性太大,结果各异。其中有代表性的,如Brucks and Zeithaml(1987)在对耐用品研究后总结出的六个维度:易用性(ease of use)、功能性(functionality)、性能(performance)、耐久性(durability)、可服务性(serviceability)和美誉(prestige)[2]。Garvin (1987)提议从八个方面体现产品质量的特征,即产品的性能(performance)、特征(features)、可靠性(reliability)、符合性(conformance)、耐久性(durability)、可服务性(serviceability)、美感(aesthetics)和感知质量(perceived quality)(如可想象)[3]。

而对于外在属性指标,Zeithaml(1988)将之总结为是那些和产品固有的特性非相关的一些特定的通用指标,它由产品和服务价格以及在市场中的名声(reputation)构成,如顾客对企业产品价格、品牌和广告水平的感知。其中,品牌作为企业的资产(品牌资产或品牌

---

①Zeithaml认为感知质量是由基于产品一些内在属性所表现的抽象属性和在市场上为消费者所了解的非产品内在特性所形成的外在属性所构成的。他在文中使用了signal quality(质量信号)一词来描述质量固有的特性,表明是指产品本身的物理性能所表现的特点,而用reputation(名声)来描述产品的外在属性。

②Brucks and Valarie A. Zeithaml, Price as an Indicator of Quality Dimensions. paper presented at Association for Consumer Research Annual Meeting, Boston, MA, 1987.

③Garvin, D. A., Competing on the eight dimensions of quality. *Harvard Bus. Rev*, 1987,65(6),pp.101～109.

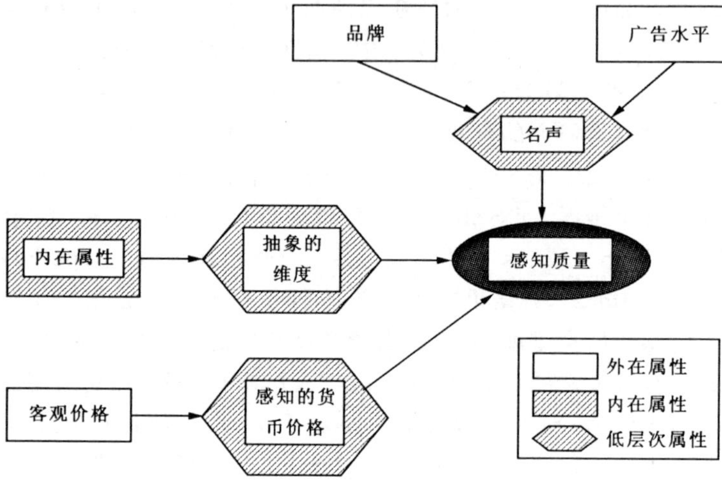

图 4－7　感知质量的构成

（资料来源：Zeithaml V A.，Consumer Perception of Price，Quality and Value：A Means-End Model and Synthesis of Evidence. *Journal of Marketing*，1988，52(2)，pp. 2～21.）

权益）受到学者的较多关注，Peter Farquhar（1990）、白长虹（2001）、范秀成（2000）对此都有过论述，认为它是顾客价值的驱动因素，相关内容在第二章中已经作过阐述。

笔者认为，就 Zeithaml 所说的内在属性和外在属性，对工业品和消费品制造行业而言，由于本研究不是针对某一个具体的行业，Garvin 提出的维度具有普遍意义，可以采纳。而对于外在属性，顾客对产品和服务的价格、广告水平以及品牌权益等的衡量，实质上不是产品质量固有属性的表现，而是对产品属性的一种偏好，笔者认为归为顾客层级的体验价值较合适，这种认识在深度访谈中也得到证实。因此，将之放入下一层级中衡量。其中，产品和服务的价格会是一个很确定的因素，而品牌和广告水平有待试调研中检验。

2. 体验价值

Gutman(1982)在其模型中是用顾客在一定使用情境下的结果(或利益)来描述顾客在购买和使用过程中获得的价值感受(图 3－2),并且如前所述,他用使用中获得的生理性和心理性的结果,或者功能性的利益、实践性的利益和情感的权衡来衡量,本书将之定义为体验价值(Experience Value),特指顾客在购买和消费过程中形成的感受。以突出它与前置变量属性价值和后置变量目标价值的关系。在 Woodruff 的层级模型中,他将顾客在使用和拥有中形成的对产品的某些属性的偏好来衡量顾客在使用中的区别。本书依据本研究的顾客价值研究定义、Zeithaml 的外在属性观点,结合 Gutman 的利益论的内容,考虑实际访谈结果,将体验价值用七个指标来描述,即顾客的总体偏好、消费体验感受、产品和服务的功能性满足、价格-质量权衡、产品的广告水平和产品的品牌权益。

3. 目标价值

Woodruff 认为,在顾客价值的层级中最高层次的价值是顾客基于达到某种目标和目的的满意,本书称之为目标价值。Gutman 认为这种价值包括归属感、爱、自尊、成就感、社会认同、享受、安全、快乐等内容。

在顾客满意理论的研究中,学者认为顾客满意的衡量有两种方法,即交易导向型的顾客满意和累积导向型的顾客满意(范秀成、杜建刚,2006; Ying-Feng Kuo, Chi-Ming Wub, Wei-Jaw Deng, 2009)。前者是指顾客基于最近发生的购买体验的评价的满意(Boulding *et al.*,1993)①,后者是指顾客所有购买体验的总体评价,是累积的总体满意(Johnson & Fornell, 1991)②。Gutman 的观点

①Boulding, W., Kalra, A., Richard, S. & Zeithaml, V. A., A dynamic process model of service quality: From expectations to behavioral intentions. *Journal of Marketing Research*, 1993,30(1), pp. 7～27.

②Johnson, M. D., & Fornell, C., A framework for comparing customer satisfaction across individuals and product categories. *Journal of Economic Psychology*, 1991,12(2),pp. 267～286.

实质上是顾客累积的总体满意情况。

从本研究的目的出发，研究中顾客的目标价值不是对某一次购买的评价，而是反映顾客对产品和服务的感知的总体满意状况，因此，用累积型的满意作为目标价值的衡量方法更为合适。

对于累积型的顾客满意，Hausknecht （1990）[①]，Fornell（1992[②]，1996）认为可以从以下三个方面进行衡量：①总体满意（general satisfaction）；②期望的价值实现的程度（confirmation of expectation）；③和顾客理想中产品的差距（the distance from the customer's hypothetical ideal product）。Fornell 用这些指标作为顾客满意的维度，在瑞典顾客满意度指数测量和美国顾客满意度指数测量中进行了运用。本研究用这三个指标构建目标价值量表。

（二）市场导向

市场导向的量表比较成熟，研究中两种量表运用较多，一种是 Kohli，Jaworski 和 Kumar 开发的 MARKET 量表；另一种是 Narver and Slater 开发的 MKTOR 量表。从第三章的市场导向研究的回顾可知，本书中将市场导向定义为基于市场上顾客需求、竞争环境和企业能力因素的共同作用，因此，将使用 Narver and Slater（1990，1994）开发的 MKTOR 量表（表 4－2），总共 15 个问题，对市场导向进行测量。

（三）营销质量

对营销质量这一概念目前没有形成统一的认识。有的学者认为它是指全面营销的质量，包括产品和营销过程的质量，也有学者认为它是有助于产品质量实现的企业营销活动的质量。本书使用后一种观点，研究中使用科特勒（2003）的观点，用科特勒所运用的六个指标

---

①Hausknecht，Douglas R.，Measurement Scales in Consumer Satisfaction/Dissatisfaction. *Journal of Consumer Satisfaction，Dissatisfaction and Complaining Behavior*，1990，3，pp. 1～11.

②Fornell，C.，A National Customer Satisfaction Barometer：The Swedish Experience. *The Journal of Marketing*，1992，Vol. 56，No. 1，pp. 6～21.

表 4-2　MKTOR 量表

变量	度量指标
顾客导向	①顾客满意是公司的经营目标 ②公司对执行“满足顾客需要”实行了监督 ③公司在充分了解顾客需求的基础上制定竞争优势战略 ④“为顾客创造价值”是公司竞争战略的目标 ⑤公司经常系统地测量顾客满意度 ⑥公司十分重视售后服务
竞争者导向	①公司的营销人员与其他人员一起分享有关竞争者的信息 ②公司对竞争对手的任何行为能迅速作出反应 ③公司凭借自身的优势招徕顾客 ④公司的高层经常讨论竞争对手的优势与劣势
跨部门间协调	①公司各部门主管会定期访问顾客或潜在顾客 ②公司各部门互通有关顾客的信息 ③公司各部门一起致力于满足目标市场的需要 ④公司管理者懂得如何调动每个员工的积极性为顾客创造价值 ⑤公司各部门均能共享资源

资料来源：Narver, J. C., and Slater, S. F., The Effect of a Market Orientation on Business Profitability. Journal of Marketing, 1990, 54(2), pp. 20～35.

描述营销质量，它们是：①营销者在正确识别顾客的需要时承担着重要责任；②营销者必须确保顾客的要求正确地传达给产品设计者；③营销者必须确保顾客的订货正确而及时地得到满足；④营销者必须检查顾客在有关如何使用产品方面是否得到了适当的指导、培训和技术性的帮助；⑤营销者在售后还必须与顾客保持接触，以确保他们的满足能持续下去；⑥营销者应该收集顾客有关改进产品服务方面的意见，并将其反映到公司各有关部门。这一观点也在深度访谈中得到验证。

二、测量题项的生成

研究变量的初始测量题项的来源主要有两个：相关文献及深度

访谈。题项设计中，首先，根据深度访谈确定各变量在研究模型中的相互关系以及在企业营销实践活动中的具体表现，然后，结合各变量涉及的相关理论研究的结果，分析后形成初始的测量题项，最后，按照 Churchill(1979)的建议，对测量题项的表面效度和内容效度进行测试，根据测试结果修正题项。具体步骤如下：

(1)邀请 2 名市场营销博士生和 2 名具有硕士研究生学历的企业中高层营销管理人员对初始题项进行判别。请他们在仔细阅读题项的基础上，指出那些表达上不甚清晰或难于作出判断的题项，根据他们的意见对题项进行修改，直至他们意见统一为止。

(2)邀请 2 位市场营销研究方向的教师(博士研究生水平)作为新一轮的判别者。将上述修改后的测量题项请他们认真阅读后提出意见，结合他们的意见，再次修改题项的修饰语句。

由此，笔者得出用于预调研的研究模型的各变量的测量题项，如表 4 - 3 所示。

表 4 - 3 研究变量初始测量题项

序号	测量题项	题项来源	对应编码
市场导向(MO)		Narver & Slater(1990,1994)	
顾客导向(MO1)		同上	
1	顾客满意是公司的经营目标	同上	CUO1
2	公司对执行“满足顾客需要”实行了监督	同上	CUO2
3	公司在充分了解顾客需求的基础上制定竞争优势战略	同上	CUO3
4	“为顾客创造价值”是公司竞争战略的目标	同上	CUO4
5	公司经常系统地测量顾客满意度	同上	CUO5
6	公司十分重视售后服务	同上	CUO6
竞争者导向(MO2)		同上	
7	公司的营销人员与其他人员一起分享有关竞争者的信息	同上	CPO1
8	公司对竞争对手的任何行为能迅速作出反应	同上	CPO2
9	公司凭借自身的优势招徕顾客	同上	CPO3
10	公司的高层经常讨论竞争对手的优势与劣势	同上	CPO4

续表 4－3

序号	测量题项	题项来源	对应编码
跨部门间协调(MO3)		同上	
11	公司各部门主管会定期访问顾客或潜在顾客	同上	IFC1
12	公司各部门互通有关顾客的信息	同上	IFC2
13	公司各部门一起致力于满足目标市场的需要	同上	IFC3
14	公司管理者懂得如何调动每个员工的积极性为顾客创造价值	同上	IFC4
15	公司各部门均能共享资源	同上	IFC5
营销质量(MQ)		科特勒(2003)、深度访谈	
16	营销者在正确识别顾客的需要时承担着重要责任	同上	MQ1
17	营销者必须确保顾客的要求正确地传达给产品设计者	同上	MQ2
18	营销者必须确保顾客的订货正确而及时地得到满足	同上	MQ3
19	营销者必须检查顾客在有关如何使用产品方面是否得到了适当的指导、培训和技术性的帮助	同上	MQ4
20	营销者在售后还必须与顾客保持接触，以确保他们的满足能持续下去	同上	MQ5
21	营销者应该收集顾客有关改进产品服务方面的意见，并将其反映到公司各有关部门	同上	MQ6
属性价值(AV)		Woodruff(1997)，Zeithaml(1988)，Brucks and Zeithaml(1987)	
22	顾客认为公司产品的总体感知质量	同上	AV1
23	顾客认为公司产品的性能	同上	AV2
24	顾客认为公司产品的突出特征	同上	AV3
25	顾客认为公司产品的可靠性(使用寿命内低故障率)	同上	AV4
26	顾客认为公司产品对标准或规格的符合程度	同上	AV5
27	顾客认为公司产品的耐用程度	同上	AV6

续表 4-3

序号	测量题项	题项来源	对应编码
28	顾客认为公司产品易于修复	同上	AV7
29	顾客认为公司产品的外观感受	同上	AV8
体验价值(EV)		Woodruff(1997),Gutman(1982),Zeithaml(1988)	
30	顾客对公司产品或服务质量的总体偏好	同上	EV1
31	顾客对购买过程中的体验感受	同上	EV2
32	顾客对公司产品质量特性,或者产品满足其需要的程度的评价	同上	EV3
33	给定价格下的质量等级	同上	EV4
34	给定质量下的价格等级	同上	EV5
35	顾客对公司产品品牌的偏好	Woodruff(1997),Gutman(1982),Zeithaml(1988),Peter Farquhar(1990)、白长虹(2001)、范秀成(2000)、深度访谈	EV6
36	顾客对公司产品广告水平的感受	同上	EV7
目标价值(GV)		Woodruff(1997),Gutman(1982),Hausknecht (1990),Fornell(1992,1996)	
37	顾客总体满意度	同上	GV1
38	顾客认为公司的产品或服务没有达到期望性能的程度	同上	GV2
39	顾客认为公司的产品或服务超过期望性能的程度	同上	GV3
40	和顾客理想中产品的差距	同上	GV4

三、预调研及测量题项的净化

本研究采用 Likert 5 级量表的形式，问卷中将每一个问题的评分等级划分为五级，其中 1＝非常不符合（或极低、极差），2＝不太符合（或较低、较差），3＝难以判断（或中等、一般），4＝比较符合（较高、较好），5＝非常符合（极高、极好）。被调查者根据自己对每一个问题的理解，在相应的数字上打"√"。

实际预调研问卷中，将上述经过表面效度和内容效度分析后的 40 个题项，以及公司和受访者背景资料等内容编排在一起，形成了本研究的预调研问卷，问卷内容见附录二。

预调研问卷在 37 名来自制造业的 MBA 学员中进行，他们均为企业中高层的管理人员。预调研中共发放问卷 37 份，实际回收 36 份，有效问卷 35 份。调研结果分析如下。

预调研问卷的数据处理分两个阶段进行。首先，对于研究中所使用和开发的相关量表进行项目的总体相关系数和信度数据分析，运用 Cronbach's α 系数和题项的总体相关系数（Corrected Item-Total Correlation，CITC）净化题项。①总体相关系数（CITC）小于 0.3 的项目予以删除；②删除可以增加 Cronbach's α 系数的题项，提高整体问卷的信度（贺小刚，2006）。然后，对量表中的所有题项进行探索性因子分析，来评价概念维度划分的正确性。对于那些在相应因子上因子载荷不高，或者交叉载荷的题项，原则上应该删除，以达到进一步净化题项的目的。删除标准依据 Nunnally 和 Berntein（1994）的观点，如果在主要因子上的载荷低于 0.5，保留该项目会对量表的效度产生影响，应予以剔除。

（一）市场导向

1. 题项的总体相关系数和信度

市场导向有三个构面，共 15 个题项，分析结果如表 4－4 所示。Cronbach's α 系数为 0.902，删除任何题项，均不能带来 Cronbach's α 系数的提高。因此，可以做进一步的探索性因子分析。

表 4-4 市场导向量表的 Cronbach's α 系数信度分析表

市场导向(MO)	平均值	方差	标准差	变量数	Cronbach's α 系数
	10.969 5	2.657	1.630 14	3	0.902
题项	该项被删除后剩余项目的平均值	该项被删除后剩余项目总平均的方差	分项对总项的相关系数(CITC)	删除该题项后的Cronbach's α 系数	
顾客导向(MO1)	22.171 4	14.323			0.876
CUO1	18.028 6	12.323	0.608	0.844	
CUO2	18.857 1	8.361	0.528	0.848	
CUO3	18.228 6	10.593	0.538	0.848	
CUO4	18.228 6	10.358	0.588	0.855	
CUO5	19.457 1	8.785	0.573	0.845	
CUO6	18.057 1	11.761	0.584	0.845	
竞争导向(MO2)	15.085 7	4.610			0.892
CPO1	11.514 3	2.904	0.685	0.857	
CPO2	11.542 9	2.667	0.650	0.840	
CPO3	11.000 0	3.647	0.541	0.857	
CPO4	11.200 0	2.753	0.509	0.849	
跨部门间协调(MO3)	17.514 3	9.434			0.878
IFC1	14.200 0	6.224	0.473	0.861	
IFC2	14.114 3	5.751	0.585	0.846	
IFC3	13.657 1	7.291	0.598	0.847	
IFC4	14.028 6	5.793	0.699	0.839	
IFC5	14.057 1	6.467	0.535	0.862	
样本数=35　变量数=15　Cronbach's α =0.902					

2.探索性因子分析

探索性因子分析主要是运用主成分分析(principal component analysis)和最大变异旋转法(varimax rotation)进行。可以用来检测题项对相应变量的因子载荷,以决定题项是否保留。判断指标一般有两个:KMO值和Bartlett's球形检验的卡方值。如果KMO值小于0.7,则不太适合进行因子分析(余建英、何旭宏,2003)。本样本KMO值为0.728,Bartlett's球形检验的卡方值为63.215,伴随概率小于0.001,达到显著性水平,表明调查数据适合进行因子分析。

参照初步分析的结果,按照项目共同度的大小,选取因子共同度高、因子负荷高的项目,删除因子共同度低、因子负荷低和具有比较均等交叉负荷的条目,如表4-5所示。经过多次探索,没有删除的项目,最后得出比较稳定的因子结构。

表4-5 市场导向量表各项目的共同度及因子负荷

项 目	共同度	因子负荷
MO1	0.828	0.910
CUO1	0.892	0.432
CUO2	0.724	0.850
CUO3	0.560	0.729
CUO4	0.561	0.715
CUO5	0.700	0.761
CUO6	0.585	0.699
MO2	0.795	0.892
CPO1	0.706	0.506
CPO2	0.701	0.795
CPO3	0.776	0.599
CPO4	0.608	0.683
MO3	0.884	0.940
IFC1	0.586	0.754
IFC2	0.861	0.809
IFC3	0.914	0.601
IFC4	0.829	0.831
IFC5	0.803	0.825

(二)营销质量

1.题项的总体相关系数和信度

营销质量共有六个题项,分析结果如表 4-6 所示。Cronbach's α 系数为 0.869,删除任何题项,均不能带来 Cronbach's α 系数的提高。因此,可以做进一步的探索性因子分析。

表 4-6 营销质量量表 Cronbach's α 系数信度分析表

	平均值	方差	标准差	变量数
	22.257 1	10.079	3.174 74	6
题 项	该项被删除后剩余项目的平均值	该项被删除后剩余项目总平均的方差	分项对总项的相关系数(CITC)	删除该题项后的 Cronbach's α 系数
MQ1	18.485 7	7.316	0.547	0.867
MQ2	18.628 6	6.887	0.738	0.834
MQ3	18.485 7	6.551	0.615	0.860
MQ4	18.714 3	7.563	0.646	0.851
MQ5	18.428 6	7.664	0.748	0.835
MQ6	18.542 9	7.079	0.750	0.834
样本数=35　Cronbach's α =0.869				

2.探索性因子调研

预测试的调查样本的 KMO 值为 0.827,Bartlett's 球形检验的卡方值为 176.897,伴随概率小于 0.001,达到非常显著性水平,表明调查数据适合进行因子分析。

参照初步分析的结果,按照项目共同度的大小,选取因子共同度高、因子负荷高的项目,删除因子共同度低、因子负荷低和具有比较均等交叉负荷的条目,如表 4-7 所示,经过多次探索,没有删除的项目,最后得出比较稳定的因子结构。

表 4－7　营销质量量表各项目的共同度及因子负荷

项 目	共同度	因子负荷
MQ1	0.452	0.673
MQ2	0.702	0.838
MQ3	0.541	0.736
MQ4	0.581	0.762
MQ5	0.700	0.837
MQ6	0.718	0.847

(三)属性价值

1.题项的总体相关系数和信度

属性价值共有八个题项，分析结果如表 4－8 所示。其中，删除题项 AV7、AV8 后，Cronbach's α 系数为 0.880，且再删除任何选项，Cronbach's α 系数没有显著提高。因此，保留的题项可以做进一步的探索性因子分析。

表 4－8　属性价值量表 Cronbach's α 系数信度分析表

	平均值	方差	标准差	变量数
	30.884 6	6.266	2.503 23	8
题项	该项被删除后剩余项目的平均值	该项被删除后剩余项目总平均的方差	分项对总项的相关系数(CITC)	删除该题项后的Cronbach's α 系数
AV1	27.269 2	4.845	0.631	0.779
AV2	26.884 6	4.506	0.708	0.767
AV3	27.115 4	4.906	0.589	0.785
AV4	26.961 5	4.278	0.659	0.775
AV5	26.769 2	5.465	0.478	0.801
AV6	26.923 1	4.554	0.662	0.777
AV7	27.461 5	6.418	0.241	0.836
AV8	26.807 7	5.922	0.340	0.819
样本数＝35　删除 AV7、AV8 后 Cronbach's α －0.880				

2. 探索性因子调研

预测试的调查样本的 KMO 值为 0.826，Bartlett's 球形检验的卡方值为 143.955，伴随概率小于 0.001，达到非常显著性水平，调查数据适合进行因子分析。

参照初步分析的结果，按照项目共同度的大小，选取因子共同度高、因子负荷高的项目，删除因子共同度低、因子负荷低和具有比较均等交叉负荷的条目，如表 4-9 所示，经过多次探索，在删除 AV5 后，得出比较稳定的因子结构，结合第一项的总体相关系数分析，该题项的值也较低，为 0.478，最终决定删除该项。

表 4-9 属性价值量表各项目的共同度及因子负荷

项 目	共同度	因子负荷
AV1	0.645	0.803
AV2	0.666	0.816
AV3	0.491	0.701
AV4	0.713	0.844
AV5	0.363	0.603
AV6	0.559	0.748

(四)体验价值

1. 题项的总体相关系数和信度

体验价值共有七个题项，分析结果如表 4-10 所示。其中，删除题项 EV7 后，Cronbach's α 系数为 0.891，且再删除任何选项，Cronbach's α 系数没有显著提高。因此，保留的题项可以做进一步的探索性因子分析。

2. 探索性因子调研

预测试的调查样本的 KMO 值为 0.845，Bartlett's 球形检验的卡方值为 260.481，伴随概率小于 0.001，达到非常显著性水平，调查数据适合进行因子分析。

表 4-10 体验价值量表 Cronbach's α 系数信度分析表

	平均值	方差	标准差	变量数
	27.085 7	5.551	2.356 11	7
题项	该项被删除后剩余项目的平均值	该项被删除后剩余项目总平均的方差	分项对总项的相关系数(CITC)	删除该题项后的Cronbach's α 系数
EV1	23.142 9	4.303	0.691	0.765
EV2	23.142 9	5.303	0.528	0.782
EV3	23.142 9	4.126	0.523	0.784
EV4	23.114 3	4.634	0.711	0.764
EV5	23.257 1	4.255	0.799	0.737
EV6	23.314 3	3.575	0.782	0.745
EV7	23.400 0	3.600	0.286	0.891
样本数=35　删除 EV7 后 Cronbach's α =0.891				

参照初步分析的结果，按照项目共同度的大小，选取因子共同度高、因子负荷高的项目，删除因子共同度低、因子负荷低和具有比较均等交叉负荷的条目，如表 4-11，经过多次探索，没有删除的项目，最后得出比较稳定的因子结构。

表 4-11 体验价值量表各项目的共同度及因子负荷

项 目	共同度	因子负荷
EV1	0.658	0.811
EV2	0.430	0.655
EV3	0.450	0.671
EV4	0.776	0.881
EV5	0.858	0.926
EV6	0.836	0.915

（五）目标价值

1. 题项的总体相关系数和信度

目标价值共有四个题项，分析结果如表 4 - 12 所示。其中，删除题项 GV4 后，Cronbach's α 系数为 0.772，且再删除任何选项，Cronbach's α 系数没有显著提高。因此，保留的题项可以做进一步的探索性因子分析。

表 4 - 12　目标价值量表 Cronbach's α 系数信度分析表

	平均值	方差	标准差	变量数
	14.312 1	4.562	2.135 94	4
题项	该项被删除后剩余项目的平均值	该项被删除后剩余项目总平均的方差	分项对总项的相关系数（CITC）	删除该题项后的 Cronbach's α 系数
GV1	10.509 6	2.675	0.701	0.591
GV2	10.732 5	2.710	0.506	0.675
GV3	11.012 7	2.718	0.603	0.616
GV4	10.681 5	2.911	0.341	0.772
样本数＝35　删除 GV4 后 Cronbach's α＝0.772				

2. 探索性因子调研

预测试的调查样本的 KMO 值为 0.703，Bartlett's 球形检验的卡方值为 62.869，伴随概率小于 0.001，达到非常显著性水平，调查数据适合进行因子分析。

参照初步分析的结果，按照项目共同度的大小，选取因子共同度高、因子负荷高的项目，删除因子共同度低、因子负荷低和具有比较均等交叉负荷的条目，如表 4 - 13 所示，经过多次探索，没有删除的项目，最后得出比较稳定的因子结构。

表 4-13　目标价值量表各项目的共同度及因子负荷

项目	共同度	因子负荷
GV1	0.639	0.800
GV2	0.693	0.832
GV3	0.753	0.868

四、正式量表和问卷

在上述预调研和数据分析的基础上，形成了正式量表和问卷，量表相关题项如表 4-14 所示，正式问卷见附录三。经过题项的删除后，市场导向保留的题项为 15 个，营销质量为 6 个，属性价值为 5 个，体验价值为 6 个，目标价值为 3 个。

正式调研中，要求受试者就企业近三年的实际情况，对表中的相应描述给出评价。评价方法和预调研相同。

表 4-14　研究变量正式测量量表

序号	测量题项	对应编码
	市场导向(MO)	
	顾客导向(MO1)	
1	顾客满意是公司的经营目标	CUO1
2	公司对执行“满足顾客需要”实行了监督	CUO2
3	公司在充分了解顾客需求的基础上制定竞争优势战略	CUO3
4	“为顾客创造价值”是公司竞争战略的目标	CUO4
5	公司经常系统地测量顾客满意度	CUO5
6	公司十分重视售后服务	CUO6
	竞争者导向(MO2)	
7	公司的营销人员与其他人员一起分享有关竞争者的信息	CPO1
8	公司对竞争对手的任何行为能迅速作出反应	CPO2
9	公司凭借自身的优势招徕顾客	CPO3
10	公司的高层经常讨论竞争对手的优势与劣势	CPO4

续表 4－14

序号	测量题项	对应编码
	跨部门间协调(MO3)	
11	公司各部门主管会定期访问顾客或潜在顾客	IFC1
12	公司各部门互通有关顾客的信息	IFC2
13	公司各部门一起致力于满足目标市场的需要	IFC3
14	公司管理者懂得如何调动每个员工的积极性为顾客创造价值	IFC4
15	公司各部门均能共享资源	IFC5
	营销质量(MQ)	
16	营销者在正确识别顾客的需要时承担着重要责任	MQ1
17	营销者必须确保顾客的要求正确地传达给产品设计者	MQ2
18	营销者必须确保顾客的订货正确而及时地得到满足	MQ3
19	营销者必须检查顾客在有关如何使用产品方面是否得到了适当的指导、培训和技术性的帮助	MQ4
20	营销者在售后还必须与顾客保持接触,以确保他们的满足能持续下去	MQ5
21	营销者应该收集顾客有关改进产品服务方面的意见,并将其反映到公司各有关部门	MQ6
	属性价值(AV)	
22	顾客认为公司产品的总体感知质量	AV1
23	顾客认为公司产品的性能	AV2
24	顾客认为公司产品的突出特征	AV3
25	顾客认为公司产品的可靠性(使用寿命内低故障率)	AV4
26	顾客认为公司产品的耐用程度	AV5
	体验价值(EV)	
27	顾客对产品或服务的质量的总体偏好	EV1
28	顾客对购买过程中的体验感受	EV2
29	顾客对产品质量特性,或者产品满足其需要的程度的评价	EV3
30	给定价格下的质量等级	EV4
31	给定质量下的价格等级	EV5
32	产品的品牌价值	EV6
	目标价值(GV)	
33	顾客总体满意度	GV1
34	顾客认为公司的产品或服务没有达到期望的性能的程度	GV2
35	顾客认为公司的产品或服务超过期望的性能的程度	GV3

第四节　抽样方法与样本

一、抽样对象和方法

本研究的目的是探讨市场导向、营销质量和顾客价值之间的关系，所选用的变量及其量表是对制造业而言的，相关量表具有制造行业的普遍意义。由于本研究意在考察行业内不同类型的企业在市场导向、营销质量和顾客价值关系中的实践情况，调研中，在全国范围内进行了跨省市的制造业行业抽样。抽样范围以湖北、河南、广东、浙江、河北为主，所调研的省市中，有我国中部经济发达的省区，也有沿海工业发达省区。从企业的所有权性质的分布情况来看，兼有国有企业、集体企业、股份制企业、外资企业等企业。

由于本研究的调查内容既涉及企业的经营指导思想，又涉及企业在日常工作中的做法，以及企业对顾客感知的认识，调研中希望听到来自企业各层面的反映，因此，调研不选定企业特定层面的对象，所调研的对象一部分来自制造业的 MBA 学员，也有一部分非 MBA 学员，主要为社会中制造业各层次的管理人员。

问卷的发放采取邮件和现场发放的方式，湖北、河南、浙江等地以委托相关人员现场发放为主的方式进行调研，河北、广东等地以邮件形式进行。

本次调研共发放问卷 184 份，其中书面问卷 98 份，回收 67 份，网络问卷 86 份，回收 55 份，总体回收率为 66.3%。在对答卷有无遗漏、明显的误填等错误进行检查后，对其中的某些能够根据填答信息和邮箱地址追踪的答卷，要求被访者进行了完善处理，最终的有效问卷为 113 份，有效率为 61.4%。

二、样本的分布

对于本研究回收的有效样本，现从企业的所有制性质、员工人数、所属产业的类别、公司的年销售规模、受试者在公司的职位、受教育程度、公司所在地等方面的情况作一些基本分析。具体分析如表4－15所示。

(一)企业的所有制性质

在受访的有效样本中，各类所有权性质的企业在样本中所占的比例为：国有独资及国有控股企业占17.7%，集体企业占8.0%，股份制企业占46%，外资企业占6.2%，其他占22.1%。这个结果比较符合我国现阶段的企业所有权性质的状况，企业的股份制改革发展较快，在国民经济的构成中占有相当的比重。样本的这种分布情况有利于反映我国企业相关活动的实际情况。

表4－15 样本的分布情况

基本特征	分类	样本数目(n=113)	百分比(%)
企业所有制性质	国有独资及国有控股企业	20	17.7
	集体企业	9	8.0
	股份制企业	52	46.0
	外资企业	7	6.2
	其他	25	22.1
产业类别	工业品制造商	71	62.8
	消费品制造商	42	37.2
年销售额	不满3 000万	21	18.6
	3 000万～1亿	23	20.4
	1～5亿	27	23.9
	5～15亿	18	15.9
	15亿以上	24	21.2
员工人数	100人以下	15	13.3
	101～500人	26	23.0
	501～1 000人	25	22.1
	1 001～10 000人	37	32.7
	1万人以上	10	8.8

续表 4－15

基本特征	分类	样本数目(n=113)	百分比(%)
企业所在地域	湖北	27	23.9
	河南	7	6.2
	广东	26	23.0
	浙江	15	13.3
	河北	26	23.0
	其他	12	10.6
受访者职位	高层管理人员	39	34.5
	中层管理人员	47	41.6
	基层管理人员	19	16.8
	基层员工	8	7.1
受访者学位	博士	4	3.5
	硕士	38	33.6
	本科	56	49.6
	其他	15	13.3

(二)企业所属的产业类别

制造业在我国国民经济行业分类中分布较广，有 30 个大类[①]。本次调查中，工业品制造商占 62.8%，消费品制造商占 37.2%，从两者的比重分布可以看出，工业品制造业在制造业中占有相当的比重。

(三)企业的年销售额

年销售额是评价企业规模的标准之一。本次被调查的企业中，销售收入不满 3 000 万的企业占 18.6%；销售收入在 3 000 万～1 亿的企业占 20.4%；销售收入在 1～5 亿之间的企业占 23.9%；销

①具体内容可见我国“国民经济行业分类” http://www.stats.gov.cn/tjbz/hyflbz/P020060711389582037795.pdf

售收入在5～15亿之间的企业占15.9%；销售收入在15亿以上的企业占21.2%。以上统计数据说明，本次调查样本中，大中型企业(1亿以上)占到61.0%(23.9%+15.9%+21.2%=61.0%)；中小型企业占39.0%，且样本基本上均匀分布在设定规模的企业之中，所采取的样本能够全面反映各规模企业的状况。

(四)企业员工人数

企业员工人数的多少是评价企业规模的另一个标准。本次调研中，100人以下的企业占13.3%，101～500人的企业占23.0%，501～1 000人的企业占22.1%，1 001～10 000人的企业占32.7%，1万人以上的企业占8.8%。从员工规模的角度看，1 000人以上规模的企业占了41.5%，500人以上规模的企业为63.6%。在企业的规模判别上，和上述年销售额的判别基本一致。

(五)企业所在地域

本次调查分别在湖北、河南、广东、浙江、河北的某些城市进行，分布比例为23.9%(湖北)、6.2%(河南)、23.0%(广东)、13.3%(浙江)、23.0%(河北)。样本基本均匀分布在这些省份之中，便于反映样本地域上的总体情况。

(六)受访者个人相关信息

本次调查中，受访者个人相关信息由所受访者在企业中所承担的职务和受教育程度来评价。就职务而言，高层管理者占34.5%，中层管理者占41.6%，基层管理人员占16.8%，基层员工占7.1%。说明中高层职务者占了较大比重，由于他们能够更为深刻地理解企业的观念和行为(特别是高层管理者)，掌握较多的企业信息，因此，所给出的回答能够更为全面、有效地反映企业的体验。同时，从个人教育背景来看，博士占3.5%，硕士占33.6%，本科占49.6%，受访者中绝大多数人受过良好的高等教育，能够较好地理解问卷内容，准确地回答对相关问题的感受，使本调查的数据有较高的分析价值。

第五节 数据分析与处理方法

本研究根据研究目的和检验假设的需要，将运用 SPSS 13.0 和 LISREL 8.70 软件对调查的数据进行分析处理，采取的分析方法主要有以下三种。

一、描述性统计分析

本研究的描述性统计分析主要有以下三类。

(一)频数分析

该分析用于分析调查样本的分布结构。如表 4-15 中所反映的各类样本的数量和百分数。

(二)平均值和标准差

平均值和标准差用来反映本研究中的变量，市场导向、营销质量、属性价值、感知价值和目标价值在研究的企业中的一般水平。

(三)方差分析

方差分析是均值分析的一种，本研究采用一般线性模型(general linear model)进行多元协方差分析(MANCOVA)，以探讨各子样本在主要构念均值上的差异性。

二、信度、效度分析

(一)信度分析

信度(reliability)是检验量表在度量相关概念时的稳定性和一致性的指标。具体来说，是指检验量表内部各个题项间相符合的程度以及重复检验时的结果前后是否具有一致性。常用的信度检验指标有：稳定性(stability)、等值性(equivalence)和内部一致性(internal consistency)。在学术研究中，内部一致性的检验方法有很多，以计算机软件应用来讲，Cronbach's α 系数的估计运用最多。α 系数越大，表明该变量各个题项的相关度越大，即题项的内部一致性程度越高。一般认为，测量工具的 Cronbach's α 系数最好高于 0.7（高信度），低于 0.35 为低信度（Cuieford，1965），Nunnally 和 Berntein（1994）认为，如果在主要因子上的载荷低于 0.5，保留该项目会对量表的效度产生影响，因此可以剔除。研究中 0.5 为可以接受的最低水平（Nunnally，1978）。

（二）效度分析

效度（validity）是用来检验量表测量的准确性的指标。测量效度主要有内容效度和结构效度两种。

1. 内容效度

内容效度（content validity）用来测验量表对所要测量的内容范围的代表性程度。通常采用专家判断法来进行，就是由相关的专家和专业人士对题项的周延性和准确性进行判断。本研究中量表的形成首先建立在对学者相关研究进行回顾和分析的基础上，具有较好的理论支撑，而且部分量表为相关领域研究中较为成熟的量表，经过了实证分析的检验。研究中，笔者又经过定性的深度访谈和询问了解，征求了本领域研究学者和专业教师的意见，所形成的初始问卷又经过了预测试，在上述基础上进行了多次语言的调整和问项的修改，最终形成了研究的正式问卷。因此，本问卷的量表在内容效度上是应该得到保障的。

2. 结构效度

结构效度（construct validity）（也有学者译为构念效度）是指某一量表是否能测量到某一理论上的结构或特质的程度（Anastasi，1990），通常包括会聚效度（convergent validity）和区分效度（discriminate validity）两种。

会聚效度或称收敛效度采用因子负荷判定法①进行验证。For-

---

①Bagozzi RP，Yi Y.，On the Evaluation of Structural Equation Models. *Journal of the Academy of Marketing Science*，1988，Vol. 16，No. 1，pp. 74～94.

nell and Larcker(1981)认为有三种方法来检验收敛效度[①]：①所有指标的完全标准化因子载荷都应大于0.5,且呈显著水平；②结构信度(construct reliability,CR)大于0.8,即$R^2=\frac{(\sum\lambda)^2}{(\sum\lambda)^2+\sum(\theta)}>0.8$,其中$\lambda$为指标在潜变量上的标准化参数；$\theta$为指标的测量误差；③平均抽取变异量(average variance extracted,AVE)大于0.5,即$\rho_c=\frac{\sum\lambda^2}{\sum\lambda^2+\sum(\theta)}>0.5$。

区分效度或称判别效度,通常可以用下列三种方法来验证：①计算相关构面的相关系数,如果在95%的置信区间内不包含1,则可以认为两个构面之间具有良好的区分效度。具体的操作办法主要是用信赖区间检定法(Confidence Interval Test),它是考察两个因子之间相关系数加减标准误差的两倍是否包含1,如果不包含1,则表明数据有较高的辨别有效性(Anderson & Gerbing, 1988)。②将两个构面的相关系数设为1,计算模型的χ^2统计值；然后计算两个构面之间相关系数不设定时模型的χ^2统计值,如果两者之间的差值显著,则表明两个构面具有区分效度。③计算每个构面的平均变异抽取量(average variances extracted)和与其他构面的相关系数。当每个构面的平均变异抽取量都大于该构面与其他构面的相关系数时,便表明构面之间具有良好的区分效度。本研究采用相关系数法来检测区分效度。

三、结构方程模型分析

结构方程模型也称潜变量模型,是一种多元统计建模分析方法。结构方程分析可用来同时处理多个因变量,并可比较及评价不同的理论模型。在结构方程模型中,我们可以提出一个特定的因子结构,

---

①C. Fornell, D. F, Larcker, Evaluating Structural Equation Models with Unobservable Variables and Measurement Error, *Journal of Marketing Research*, Vol. 18, 1981, pp. 39～50.

检验它是否和数据吻合，也可进行结构方程的多组分析，比较各组别内的关系是否能够保持不变，各因子的均值是否具有显著差别(侯杰泰、温忠麟、成子娟，2004)①。

(一)样本数要求和数据输入

在分析结构方程之前，应检查样本数是否符合进行分析的要求。Anderson 和 Gerbing(1988)认为样本容量在 100～150 间是最低标准；Shumacker 和 Lomax(1996)认为样本容量在 200～500 间比较合适；Marsh，Hau，Balla 和 Grayson(1998)以及 Marsh 和 Hau(1999)证实如果观察变量和因子数之比为 3 或 4，则样本量至少为 100，如果该比值大于或等于 6，则只需要 50 个样本就足够了；Bentler 和 Chou(1987)指出，如果变量成正态分布，则每个变量配 5 个样本足够，如果是其他分布，则每个变量需要 10 个样本；Bagozzi(1980)认为，样本数减去待估计的参数个数应大于 50；如果是采用极大似然法来估计，样本数最少应该在 100～150 之间(Ding，Velicer and Harlow，1995)。本研究的样本容量为 113，符合要求。

(二)结构方程模型的评价

本研究将用结构方程模型来检验各变量间的关系，并了解企业的所有权、产业性质、企业所在地理区域等背景变量对模型变量关系的影响。研究中将用结构方程模型的分析软件 LISREL8.70 进行数据的分析处理，用最大似然法(ML)对模型参数进行估计，而且将根据 Bagozzi & Yi(1988)提出的模型评估的三个标准：基本拟合标准(preliminary fit criteria)、整体模型拟合优度(overall model fit)、模型内在结构拟合优度(fit of internal structure of model)来评价模型的拟合度，基本要求如下。

1. 基本拟合标准

该标准用于检验模型的误差和是否存在误输入的情况，通常从以下四个方面来检验：

①侯杰泰，温忠麟，成子娟. 结构方程模型及其应用，教育科学出版社，2004 年。

(1)不能有负的测量误差；

(2)测量误差必须具有显著性；

(3)因子载荷值必须在 0.5～0.9 之间；

(4)不能有很大的标准误差。

2. 整体模型拟合优度

整体模型拟合优度用来评价模型与数据的适配程度，通常用三类指标描述。

(1)绝对拟合度。绝对拟合度(absolute fit measures)是将理论模型(Mt)和饱和模型(Ms)[①]比较得到的一个统计量，常用的衡量指标有卡方统计值(χ^2)、近似误差均方根(Root Mean Square Error of Approximation，RMSEA)、标准化残差均方根(Standardized Root Mean square Residual, SRMR)、拟合优度指数(Goodness of Fit Index, GFI)、修正的拟合优度指数(Adjusted Goodness of Fit Index, AGFI)五种指标。Hu & Bentler(1995)认为五种指标在不同的情况下各有误差存在，侯杰泰等(2004)认为，其中 RMSEA 受样本数量的影响较小，是较好的绝对拟合指标。

(2)相对拟合度。相对拟合度(comparative fit measures)是通过将理论模型(Mt)与基准模型(baseline model)[②]比较得到的统计量。简单地说，相对拟合指数是将理论模型与虚模型进行比较，考察拟合程度改进了多少。常用的衡量指标有基准拟合指数(Normed Fit Index，NFI)、调整的基准拟合指数(Non-normed Fit Index, NNFI)、相对拟合指数(Comparative Fit Index, CFI)等。

(3)简约拟合度。简约拟合度(parsimony fit indices)是在拟合指数中引入简约原则，以惩罚参数多的模型(Bentler & Moojaart, 1989; McDonald & Marsh, 1990; Mulaik *et al.*, 1989)。常用的衡

---

①饱和模型(Ms)(saturated model)是指各观测变量之间均允许相关，是最复杂的模型，其自由度为 0，能百分之百地反映数据的原有关系。

②通常用虚模型(Mn)作为基准模型，虚模型是指限制最多、拟合最不好的模型。

量指标有简约基准拟合指数(Parsimony Normed Fit Index, PNFI)和简约拟合优度指数(Parsimony Goodness of Fit Index, PGFI)等,具体的评价要求如表 4-16 所示。

表 4-16 整体模型拟合优度

拟合指标		评测标准
绝对拟合度	卡方比率(χ^2/df)	<2(理想) <3(可以接受)
	GFI	>0.9(理想) >0.8(可以接受)
	RMSEA	<0.06
简约拟合度	PNFI	>0.5
	PGFI	>0.5
相对拟合度	NFI	>0.9
	NNFI	>0.9
	CFI	>0.9

本研究将采用上述指标对所构建的理论模型进行模型的拟合检验。

3. 模型内在结构拟合度

模型内在结构拟合度是用来评价模型内估计参数的显著程度、各指标和潜在变量的信度等的指标,主要包括:①组合变量的组成信度(Composite Reliability, CR)。达到 0.7 以上较好,0.6 为下限(Bagozzi and Yi, 1988; Fornell and Larcker, 1981)。②平均变异抽取量(Average Variance Extracted, AVE)[①]。0.5 以上为可以接受的水平。

需要说明的是,本研究将根据 Anderson and Gerbing(1988)等

---

①在研究中,我们通过一个概念来观测一个事物,通常这个观测有误差。那么事物的真实值(这是一个假设,真实值在大多数情况下是无法得知的)与我们测量概念值的方差之间越接近,则我们测量得越好。"组合信度(CR)"是指真实方差与观察方差的相关系数,"平均变异抽取量(AVE)"则是强调"真方差"是"观察方差"的几分之几,也就是真方差与观察方差相除。

学者的建议，采用两段法对研究模型进行分析。第一阶段，对每一个研究变量及其测量指标进行信度、效度分析，确定模型中每个研究变量的信度、效度水平。如果信度、效度的研究没有达到理想水平，则将对测量指标进行调整，直到符合理想的标准。第二阶段，在第一阶段的基础上，将研究变量的多个测量指标缩减为少数或一个测量指标，并运用 LISREL 进行模型分析。

本章小结

本章主要是本研究理论模型实证分析思路的设计和检验方法的介绍。总结如下：

(1)理论模型与研究假设。本研究的理论模型建立在笔者对文献回顾和思考的基础上。运用了认知理论的原理，对手段-目的链理论与模型进行了详细的说明和分析。在此基础上，选择了顾客价值层级模型的基本框架。

同时，在对市场导向、营销质量和顾客价值层次模型关系进行分析的基础上，提出了研究假设，初步构建了本研究的理论模型(图 4 - 5)。

(2)个案调研。在理论模型构建的基础上，笔者利用深度访谈方式，选取一些企业的中高层管理人士，进行了拟定提纲的开放式访谈，并对访谈信息进行了分析和整理。

(3)量表设计。在上述工作基础上，笔者对各个变量相关指标的选取理由进行了说明和分析，确定了各变量的度量指标，初步设计了问卷，而且通过预测试修正了量表和问卷，形成了本调研的正式问卷。

(4)抽样方法和样本。本部分对本研究的抽样方法及样本的基本信息进行了描述性的统计分析，反映了样本和受试者的基本情况，逻辑性地预测了对研究结果可能带来的影响。

(5)数据分析与处理方法。本章主要内容的最后一个部分是对本研究采用的数据分析方法的介绍和说明。该部分较为详细地介绍了研究所使用的描述性统计方法、模型的信度和效度的测量方法、结构方程模型分析方法中模型相关的拟合度的一些指标的测量方法，为下一章数据的分析和解释奠定了理论基础。

第五章　数据分析与解释

本章将在上一章数据分析理论介绍的基础上，利用 SPSS 13.0 和 LISREL 8.70 对调研所收集的数据进行分析，以检验所提出的假设的正确性，同时，通过分析了解我国企业目前在本研究课题方面的实际情况，为下一章的论述提供实证支撑。

第一节　量表的信度与效度

量表的信度和效度水平将直接影响后续研究的结果，对后续分析至关重要。本研究中对各量表的衡量指标虽然是在文献回顾与分析以及定性调研、试调研的多种方法的基础上进行的选择和设计，具有较好的内容效度，但由于某些量表只是定性分析的结果，或者在预调研的基础上进行了调整，或者只是学者在国外环境下所进行的实证分析的成果，因此，有必要对它们的信度和效度进行全面的检测。

对于量表的信度，将用 SPSS13.0 软件对各量表的信度进行测量；对于量表的效度，将用 LISREL8.70 软件对各量表的效度进行测量。同时，将用第四章中所介绍的衡量指标进行信度和效度的分析。

一、市场导向量表

（一）量表的信度

市场导向量表的总体 Cronbach's α 系数为 0.912，如表 5－1 所示，三个构面的 Cronbach's α 系数分别为 0.826（顾客导向）、0.742（竞争导向）、0.812（跨部门间协调），均大于 0.7 的较高水平。且各分项对各构面的相关系数最小的为 0.429（IFC5），大于 0.4，而且删除任何一项后的 Cronbach's α 系数都没有显著提高。因此，市场导向量表信度较好。

市场导向量表各构面的组成信度和平均变异抽取量如表 5-2 所示。市场导向量表三个构面的组成信度都在 0.8 以上（最低为 0.86），平均变异抽取量均大于 0.5（最低为 0.55），表明市场导向量表内部的一致性较好，信度较高。

表 5-1 市场导向量表的信度分析

题项	分项对总项的相关系数	删除该题项后的 Cronbach's α 系数	Cronbach's α 系数
市场导向(MO)(共计 15 个题项)			0.912
顾客导向(MO1)			0.826
CUO1	0.530	0.812	
CUO2	0.703	0.774	
CUO3	0.585	0.801	
CUO4	0.568	0.804	
CUO5	0.584	0.804	
CUO6	0.629	0.795	
竞争导向(MO2)			0.742
CPO1	0.532	0.686	
CPO2	0.527	0.688	
CPO3	0.470	0.719	
CPO4	0.625	0.628	
跨部门间协调(MO3)			0.812
IFC1	0.652	0.760	
IFC2	0.709	0.740	
IFC3	0.606	0.775	
IFC4	0.617	0.771	
IFC5	0.429	0.825	

表 5－2　市场导向量表二阶验证性因子分析

变量	因子载荷	T 值	测量误差	组成信度	平均变异抽取量
市场导向(MO)				0.89	0.72
顾客导向(CUO)	0.86	6.24	0.19	0.89	0.55
CUO1	0.61		0.63		
CUO2	0.83	6.77	0.30		
CUO3	0.69	5.94	0.53		
CUO4	0.64	5.64	0.59		
CUO5	0.75	6.31	0.44		
CUO6	0.73	6.22	0.46		
竞争导向(CPO)	0.94	7.17	0.14	0.86	0.60
CPO1	0.65		0.58		
CPO2	0.71	6.59	0.49		
CPO3	0.64	6.00	0.60		
CPO4	0.76	7.00	0.42		
跨部门间协调(IFC)	0.96	8.71	0.05	0.91	0.63
IFC1	0.73		0.46		
IFC2	0.81	8.71	0.35		
IFC3	0.79	8.44	0.38		
IFC4	0.82	8.80	0.33		
IFC5	0.59	6.11	0.65		
$\chi^2=221.22$　$df=87$　GFI＝0.89　CFI＝0.92　RMSEA＝0.057					

注：$P<0.01$

(二)量表的效度

对市场导向量表的二阶验证性因子分析的详细结果如表 5－2 所示。模型的拟合度指标中，$\chi^2/df=221.15/87<3$；GFI＝0.89；CFI＝0.92，接近或超过 0.9 的理想水平；RMSEA＝0.057，小于

0.06 的理想标准，这些都说明数据拟合情况较好。

市场导向的二阶测量模型如图 5－1 所示。

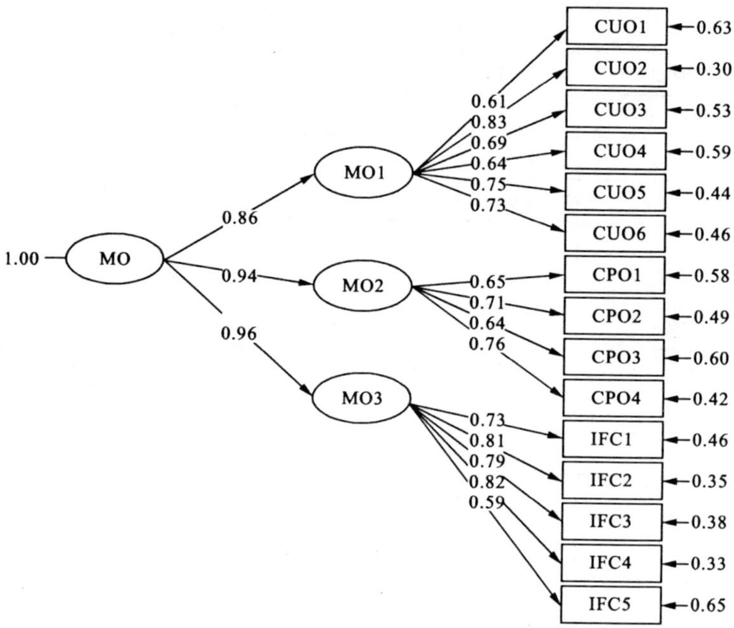

图 5－1 市场导向的二阶测量模型

二、营销质量量表

（一）量表的信度

营销质量量表的 Cronbach's α 系数为 0.895（表 5－3），大于 0.7 的水平，且各指标的相关系数最低为 0.593，大于 0.4，删除任何一项都不会使 Cronbach's α 系数增大。因此，本研究的营销质量量表信度较好。

营销质量的组成信度和平均变异抽取量如表 5－4 所示。组成信度为 0.92，大于 0.7 的接受标准，平均变异抽取量为 0.64，也大于 0.5 的接受标准。

表 5-3 营销质量量表的信度分析

题项	分项对总项的相关系数	删除该题项后的 Cronbach's α 系数	Cronbach's α 系数
营销质量(MQ)(共计 6 个题项)			0.895
MQ1	0.593	0.894	
MQ2	0.767	0.868	
MQ3	0.681	0.882	
MQ4	0.710	0.877	
MQ5	0.809	0.862	
MQ6	0.748	0.871	

表 5-4 营销质量量表一阶验证性因子分析

变量	因子载荷(λ)	*T* 值	测量误差	组成信度	平均变异抽取量
营销质量(MQ)				0.92	0.64
MQ1	0.63	7.08	0.61		
MQ2	0.80	9.99	0.35		
MQ3	0.73	8.74	0.46		
MQ4	0.77	9.31	0.41		
MQ5	0.87	11.23	0.25		
MQ6	0.80	9.96	0.36		
$\chi^2=11.36$ $df=9$ GFI=0.97 CFI=0.96 RMSEA=0.048					

注：$P<0.01$

(二)量表的效度

对营销质量量表的一阶验证性因子分析的详细结果如表 5-4 所示。在模型的拟合度指标中，$\chi^2/df=11.36/9<3$，GFI=0.97，CFI=0.96，均超过了 0.9 的理想水平；RMSEA=0.048，小于 0.06 的理想标准，这些都说明数据拟合情况较好。

表中6个项目的因子荷载均在0.5以上，且 T 值达到显著水平，这显示出营销质量研究变量的收敛效度较高。

营销质量的测量模型如图5-2所示。

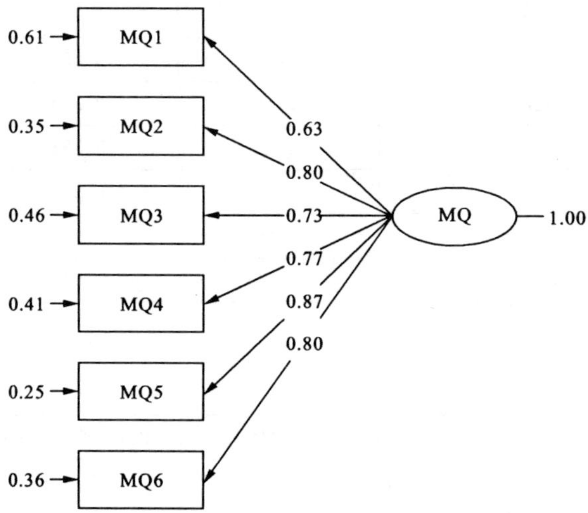

图5-2 营销质量的测量模型

三、属性价值量表

(一)量表的信度

属性价值量表的Cronbach's α 系数为0.868，如表5-5所示，大于0.7的水平。且各指标的相关系数最低为0.612，大于0.4，删除任何一项都不会使Cronbach's α 系数增大。因此，营销质量量表信度较好。

属性价值的组成信度和平均变异抽取量如表5-6所示。组成信度为0.82，大于0.7的接受标准，平均变异抽取量为0.53，也大于0.5的接受标准。

(二)量表的效度

属性价值的一阶验证性因子分析测量模型如图5-3所示，其中

AV4 的因子载荷为 1.01，大于 1.00，测量误差为 −0.01，小于 0，不合理，应舍去 AV4。将剩余题项进行一阶验证性因子分析的详细结果如表 5－6 所示。在模型的拟合度指标中，$\chi^2/df=3.68/2<3$，GFI＝0.99，CFI＝0.98，均超过了 0.9 的理想水平；RMSEA＝0.045，小于 0.06 的理想标准，这些都说明数据拟合情况较好。

属性价值量表的测量模型如图 5－4 所示。

表 5－5 属性价值量表的原始信度分析

题项	分项对总项的相关系数	删除该题项后的 Cronbach's α 系数	Cronbach's α 系数
属性价值量表(AV)(共计 5 个题项)			0.868
AV1	0.698	0.839	
AV2	0.709	0.836	
AV3	0.612	0.861	
AV4	0.804	0.810	
AV5	0.645	0.851	

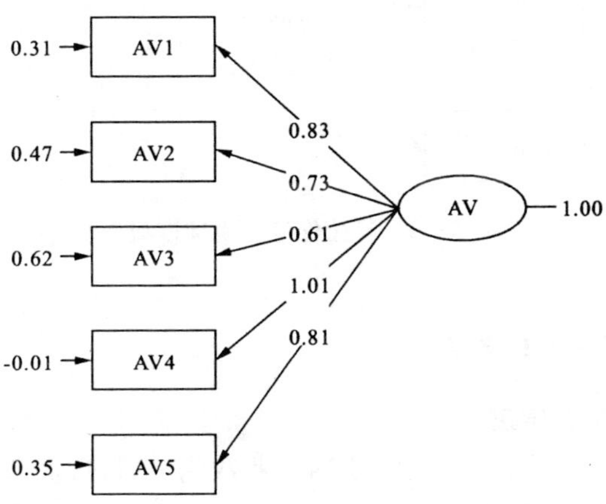

图 5－3 属性价值的测量模型 1

表 5-6 属性价值量表一阶验证性因子分析

变量	因子载荷	T 值	测量误差	组成信度	平均变异抽取量
属性价值(AV)				0.82	0.53
AV1	0.72	7.99	0.48		
AV2	0.83	9.57	0.31		
AV3	0.70	7.71	0.51		
AV5	0.65	7.00	0.58		
$\chi^2=3.68$ $df=2$ GFI=0.99 CFI=0.98 RMSEA=0.045					

注:$P<0.01$

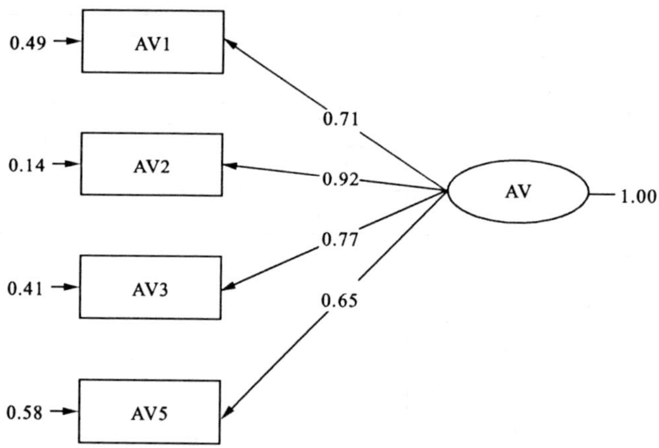

图 5-4 属性价值的测量模型 2

四、体验价值量表

(一)量表的信度

体验价值量表的 Cronbach's α 系数为 0.917,如表 5-7 所示,大于 0.7 的水平,且各指标的相关系数最低为 0.626,大于 0.4,删除任何一项都不会使 Cronbach's α 系数增大。因此,体验价值量表信度较好。

体验价值的组成信度和平均变异抽取量如表 5-8 所示。组成信度为 0.92，大于 0.7 的接受标准，平均变异抽取量为 0.65，也大于 0.5 的接受标准。

表 5-7 体验价值量表信度分析

题项	分项对总项的相关系数	删除该题项后的 Cronbach's α 系数	Cronbach's α 系数
体验价值量表(EV)(共计 6 个题项)			0.917
EV1	0.782	0.901	
EV2	0.626	0.926	
EV3	0.672	0.915	
EV4	0.837	0.894	
EV5	0.852	0.890	
EV6	0.875	0.887	

表 5-8 体验价值量表一阶验证性因子分析

变量	因子载荷	T 值	测量误差	组成信度	平均变异抽取量
体验价值(EV)				0.92	0.65
EV1	0.73	8.86	0.47		
EV2	0.61	7.02	0.63		
EV3	0.67	7.96	0.55		
EV4	0.83	10.70	0.32		
EV5	0.97	13.89	0.07		
EV6	0.98	14.17	0.05		
$\chi^2=24.47$ $df=9$ GFI=0.90 CFI=0.95 RMSEA=0.034					

注：$P<0.01$

(二)量表的效度

对体验价值的度量表的一阶验证性因子分析的详细结果如表 5－8 所示。模型的拟合度指标中，$\chi^2/df=24.47/9<3$，GFI＝0.90，CFI＝0.95，均达到了 0.9 的理想水平；RMSEA＝0.034，小于 0.06 的理想标准，这些都说明数据拟合情况较好。

体验价值量表的测量模型如图 5－5 所示。

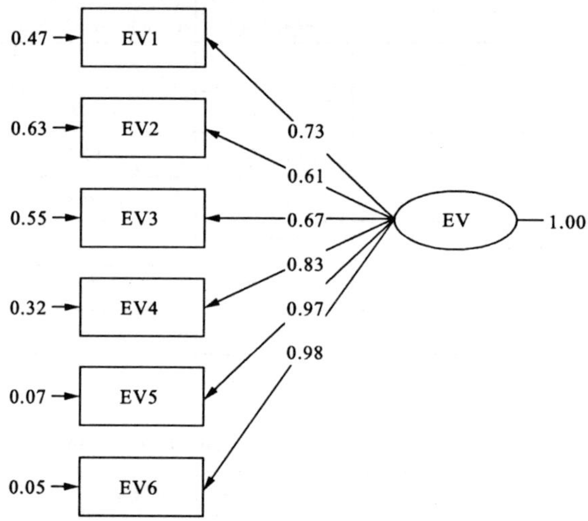

图 5－5　体验价值的测量模型

五、目标价值量表

(一)量表的信度

目标价值量表的 Cronbach's α 系数为 0.847，如表 5－9 所示，大于 0.7 的水平，且各指标的相关系数最低为 0.709，大于 0.4，删除任何一项都不会使 Cronbach's α 系数增大。因此，目标价值量表信度较好。

目标价值的组成信度和平均变异抽取量如表 5－10 所示。组成信度为 0.86，大于 0.7 的接受标准，平均变异抽取量为 0.66，也大于 0.5 的接受标准。

表 5-9　目标价值量表信度分析

题项	分项对总项的相关系数	删除该题项后的 Cronbach's α 系数	Cronbach's α 系数
目标价值量表(GV)(共计 3 个题项)			0.847
GV1	0.709	0.800	
GV2	0.714	0.788	
GV3	0.739	0.771	

(二)量表的效度

对目标价值度量表的一阶验证性因子分析的详细结果如表 5-10 所示。模型的拟合度指标中，$\chi^2/df=1.05/2<3$，GFI=0.97，CFI=0.99，均超过了 0.9 的理想水平；RMSEA=0.017，小于 0.06 的理想标准，这些都说明数据拟合情况较好。

目标价值量表的测量模型如图 5-6 所示。

表 5-10　目标价值量表一阶验证性因子分析

变量	因子载荷	*T* 值	测量误差	组成信度	平均变异抽取量
目标价值(GV)				0.86	0.66
GV1	0.79	9.26	0.37		
GV2	0.80	9.35	0.36		
GV3	0.84	9.99	0.29		
$\chi^2=1.05$　$df=2$　GFI=0.97　CFI=0.99　RMSEA=0.017					

注：$P<0.01$

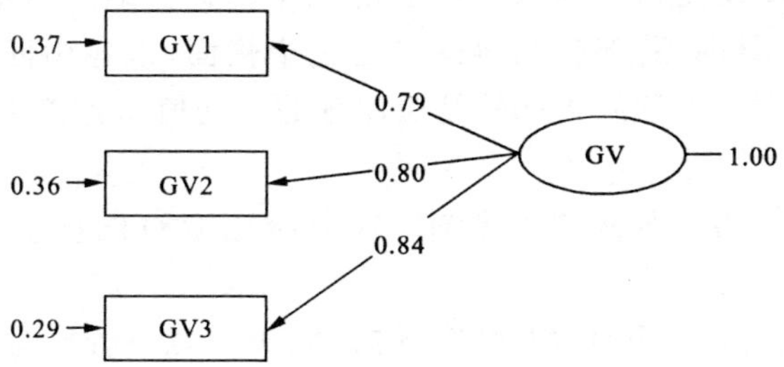

图 5-6　目标价值的测量模型

第二节　结构方程模型分析与研究假设检验

本研究采用各量表测量项目的平均值作为各个维度的响应计算指标，主要理由有三个：①近年来，这种做法已经成为国内外学者在结构方程模型分析中的普遍做法（Sweeney，Geoffrey，Soutar and Johnson，1999；Chen and Gully，2000；Williams and Anderson，1994）；②在结构方程模型分析中，研究者用各维度项目之和或平均数作为潜变量的指标，可以减少参数数量，提高计量指标的可靠性，增强参数的稳定性（Mavondo and Farrell，2000；Rusell，Kahn，Sponth and Almaier，1998）；③结构方程模型分测量模型和结构模型，测量模型在验证性因子分析和信度效度检验中已经得到了验证，现在只需要进行结构模型分析即可。

一、结构方程模型分析

（一）结构方程模型中各变量的度量指标

从第一节中的分析可知，本研究中的各个变量及其构面的信度和效度均达到了标准，对于单一构面的变量可以直接进入结构方程模型进行拟合，对于多构面的变量需要先进行处理。本研究中除了市场导向变量外，其他变量都为单一变量。对于市场导向这一由三个构面（顾客导向、竞争导向、跨部门间协调）构成的变量，可以先将各构面的多个度量指标缩减为对应的三个指标。缩减方法为：以顾客导向、竞争导向、跨部门间协调作为三个构面，以各构面原有的通过了信度和效度测评的指标的题项评分的平均值作为该构面的单一指标评分。

本研究结构方程模型分析中，各个研究变量的度量指标可确定为：

（1）市场导向（MO）含有顾客导向（MO1）、竞争者导向（MO2）和跨部门间协调（MO3）三个指标；

(2)营销质量(MQ)是单一构面,以其六个度量题项评分的平均值直接作为其度量指标;

(3)属性价值(AV)是单一构面,以其四个度量题项(AV1、AV2、AV3、AV5)评分的平均值作为其度量指标;

(4)体验价值(EV)是单一构面,以其六个度量题项(EV1、EV2、EV3、EV4、EV5、EV6)评分的平均值作为其度量指标;

(5)目标价值(GV)是单一构面,以其三个度量题项(GV1、GV2、GV3)评分的平均值作为其度量指标。

结构方程分析是一种协方差分析法,它根据标识变量的协方差矩阵对参数进行估计。标识变量的协方差矩阵如表5-11所示。

表5-11 标识变量的协方差矩阵

Covariance Matrix

	MO1	MO2	MO3	AV1	AV2	AV3
	……	……	……	……	……	……
MO1	1.00					
MO2	1.67	27.83				
MO3	2.25	12.62	37.56			
AV1	2.64	6.66	5.28	27.83		
AV2	2.19	7.60	7.29	9.06	27.83	
AV3	0.29	3.50	2.46	3.28	4.80	6.26
AV5	0.17	0.82	1.03	1.38	1.33	0.49
EV1	1.32	7.06	8.24	11.52	8.14	3.35
EV2	0.32	2.46	3.04	2.21	1.72	0.80
EV3	1.62	5.79	5.42	6.33	8.26	3.16
EV4	1.32	5.92	5.53	9.87	7.21	2.60
EV5	0.58	2.70	3.36	4.37	2.95	1.07
EV6	0.79	3.95	4.57	5.77	4.30	1.53
MQ1	0.38	2.67	3.18	3.35	2.87	1.38

续表 5－11

MQ2	0.50	2.43	3.08	2.16	2.86	1.37
MQ3	0.29	1.42	1.80	0.90	1.54	0.47
MQ4	0.99	4.50	5.57	3.60	4.82	1.62
MQ5	0.92	4.41	5.56	3.51	4.29	1.34
MQ6	0.71	3.50	4.36	2.56	2.72	1.18
GV1	1.07	5.47	6.62	6.24	5.36	2.19
GV2	0.61	3.48	5.12	4.59	3.61	0.73
GV3	0.36	2.29	2.93	2.57	1.92	0.68
	AV5	EV1	EV2	EV3	EV4	EV5
	……	……	……	……	……	……
AV5	0.75					
EV1	1.37	27.83				
EV2	0.35	3.52	3.50			
EV3	1.38	10.07	2.20	27.83		
EV4	1.27	12.61	3.11	11.30	27.83	
EV5	0.64	5.62	1.52	4.73	6.21	6.26
EV6	0.93	7.34	2.01	6.88	7.96	4.03
MQ1	0.42	3.70	1.21	3.51	3.24	1.77
MQ2	0.42	2.71	1.22	3.03	2.87	1.24
MQ3	0.19	1.20	0.60	0.95	1.07	0.54
MQ4	0.62	3.85	2.05	4.65	4.43	2.48
MQ5	0.69	4.18	2.17	4.00	4.10	2.27
MQ6	0.40	3.57	1.81	2.90	3.49	1.75
GV1	0.91	7.42	2.36	4.47	6.57	3.09
GV2	0.65	3.84	1.75	3.37	4.61	2.12
GV3	0.38	2.65	1.13	2.19	3.10	1.40

续表 5-11

	EV6	MQ1	MQ2	MQ3	MQ4	MQ5
	……	……	……	……	……	……
EV6	10.44					
MQ1	2.33	6.26				
MQ2	1.65	1.76	4.13			
MQ3	0.73	0.68	0.69	1.09		
MQ4	3.44	2.10	2.39	1.17	12.48	
MQ5	2.92	2.17	2.32	1.23	3.85	8.39
MQ6	2.17	1.56	1.86	0.88	3.13	2.77
GV1	4.22	2.58	2.12	1.10	3.55	3.45
GV2	2.71	1.45	2.01	0.87	3.73	3.56
GV3	1.84	1.20	1.09	0.54	1.99	1.62
	MQ6	GV1	GV2	GV3		
	……	……	……	……	……	……
MQ6	6.26					
GV1	2.73	10.44				
GV2	2.19	4.24	10.44			
GV3	1.43	2.69	2.49	3.50		

(二)结构方程模型的整体评价

模型拟合的基本情况如表 5-12 和图 5-7 所示。根据前文提出的模型评价标准,从基本拟合标准、整体模型拟合度和模型内在结构拟合度三方面对模型的拟合度进行评价。

1. 基本拟合标准

各测量指标在潜变量上的因子载荷除 MQ1、AV3 外,都在 0.5～0.95 之间,MQ1(0.48)、AV3(0.44)接近 0.5,而且都达到 0.01 显著水平,没有负的测量误差。说明模型符合基本拟合标准。

表 5-12 模型拟合的基本情况

变量	因子载荷	T 值	测量误差	组成信度	平均变异抽取量
市场导向(MO)				0.72	0.51
顾客导向(MO1)	0.64	5.36	0.59		
竞争者导向(MO2)	0.57	5.60	0.68		
跨部门间协调(MO3)	0.58	5.73	0.66		
营销质量(MQ)				0.75	0.54
MQ1	0.48	4.95	0.77		
MQ2	0.60	6.33	0.65		
MQ3	0.56	5.92	0.68		
MQ4	0.57	6.00	0.68		
MQ5	0.67	7.26	0.56		
MQ6	0.59	6.29	0.65		
属性价值(AV)				0.72	0.59
AV1	0.62	6.28	0.62		
AV2	0.58	5.87	0.66		
AV3	0.44	4.31	0.81		
AV5	0.51	5.11	0.74		
体验价值(EV)				0.80	0.56
EV1	0.66	7.30	0.57		
EV2	0.53	5.55	0.72		
EV3	0.56	5.91	0.69		
EV4	0.67	7.48	0.55		
EV5	0.66	7.37	0.56		
EV6	0.69	7.68	0.53		
目标价值(GV)				0.71	0.52
GV1	0.75	8.07	0.44		
GV2	0.58	5.98	0.67		
GV3	0.61	6.41	0.63		
绝对拟合度：χ^2 =189.97 df=199 GFI=0.93 SRMR= 0.05 RMSEA=0.01					
简约拟合度：PNFI=0.81 PGFI=0.71					
增值拟合度：NFI=0.94 NNFI=1.02 CFI=0.99					

注：$P<0.01$

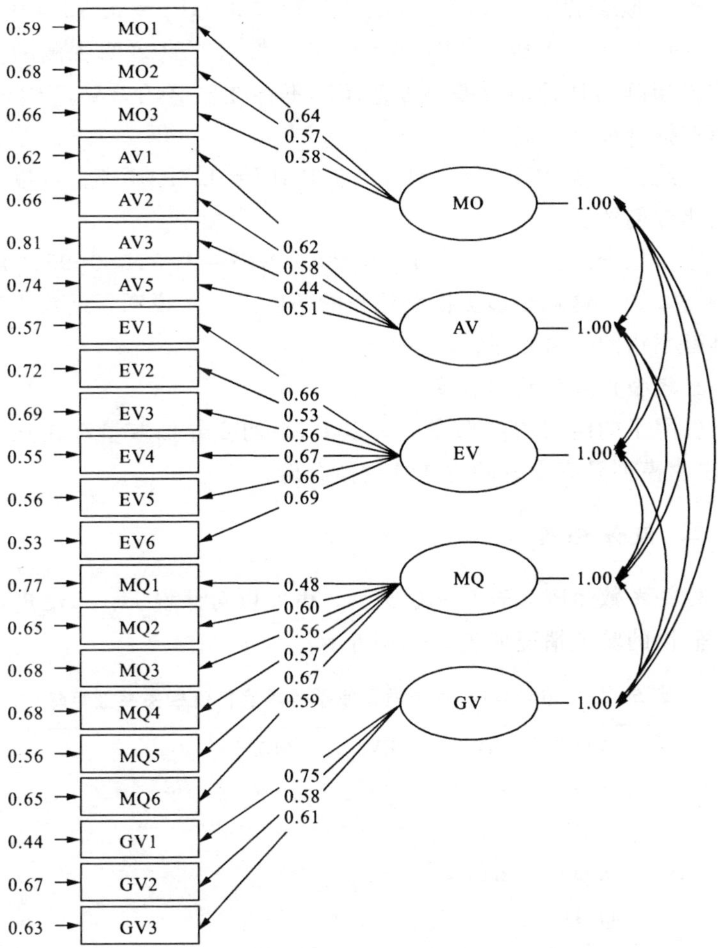

图 5-7 市场导向、营销质量驱动的顾客价值研究测量模型

2. 整体模型拟合度

整体模型拟合度包括绝对拟合度、简约拟合度和增值拟合度三类指标。

绝对拟合度：$\chi^2/df=189.97/199<3$，GFI＝0.93＞0.90，SRMR＝0.05＜0.08，RMSEA＝0.01＜0.05。这表明观测的方差协方差矩阵与估计的方差协方差矩阵不存在显著的差异，样本数据与模型拟合程度很高。

简约拟合度：PNFI＝0.81＞0.5，PGFI＝0.71＞0.5。可以看出模型比较简约。

增值拟合度：NFI＝0.94＞0.90，NNFI＝1.02＞0.95，CFI＝0.99＞0.90。这从与虚无模型比较的角度进一步说明了结构方程模型具有不错的拟合效果。

3. 模型内在结构拟合度

各因子的组成信度都在 0.7 以上，平均变异抽取量都在 0.5 以上，说明模型具有良好的内在结构拟合度。

二、假设检验

相关系数矩阵如表 5－13 所示。由此可对假设 H_1—H_6 进行验证。假设的验证情况如表 5－14 所示。

表 5－13 市场导向、营销质量驱动的顾客价值相关系数矩阵

	MO	AV	EV	MQ	GV
	……	……	……	……	……
MO	1.00				
AV	0.79	1.00			
	(0.11)				
	7.53				
EV	0.60	0.78	1.00		
	(0.10)	(0.08)			
	5.79	9.40			
MQ	0.75	0.69	0.71	1.00	
	(0.09)	(0.10)	(0.08)		

	8.03	6.96	9.36		
GV	0.68	0.73	0.76	0.80	1.00
	(0.11)	(0.10)	(0.08)	(0.08)	
	6.35	7.17	9.80	10.24	

表 5-14 假设的验证

假设	标准化参数估计值 γ	T 值	验证结果
H_1:属性价值对体验价值有正向的显著影响	0.78	9.40	支持
H_2:体验价值对目标价值有正向的显著影响	0.76	9.80	支持
H_3:市场导向对属性价值有正向的显著影响	0.79	7.53	支持
H_4:市场导向对营销质量有正向的显著影响	0.75	8.03	支持
H_5:营销质量对属性价值有正向的显著影响	0.69	6.96	支持
H_6:营销质量对体验价值有正向的显著影响	0.71	9.36	支持

注:$P<0.01$

(一)属性价值对体验价值的影响

假设属性价值对体验价值有正向的显著影响。表 5-14 的数据显示,两者之间的路径系数为 0.78,达到显著性水平($T=9.40$,$P<0.01$),假设 H_1 获得验证。这表明,顾客在购买前对产品的内在属性或固有属性的价值感知越高,其在购买过程中对产品价值的体验感知就越高。这一结论与 Gutman(1982)和 Woodruff(1997)的分析结果一致。

(二)体验价值对目标价值的影响

假设体验价值对目标价值有正向的显著影响。表 5-14 的数据显示,两者之间的路径系数为 0.76,达到显著性水平($T=9.80$,$P<0.01$),假设 H_2 获得验证。这表明,顾客在购买过程中获得的体验价值越高,其在购买使用后对产品价值的总体满意度就越高。这一结论也与 Gutman(1982)和 Woodruff(1997)的分析结果一致。

(三)市场导向对属性价值的影响

假设市场导向对属性价值有正向的显著影响。表 5-14 的数据显示，两者之间的路径系数为 0.79，达到显著性水平($T=7.53$，$P<0.01$)，假设 H_3 获得验证。这表明，企业的市场导向观念越强，其生产的产品质量带给顾客的感知价值就越高。这一结论与 Kohli and Jwaorski(1990)和 Narver and Slater(1990)的分析结果一致。

(四)市场导向对营销质量的影响

假设市场导向对营销质量有正向的显著影响。表 5-14 的数据显示，两者之间的路径系数为 0.75，达到显著性水平($T=8.03$，$P<0.01$)，假设 H_4 获得验证。这表明，企业的市场导向观念越强，其对外营销活动的质量就越高。这一结论一方面验证了 Kohli and Jwaorski(1990)、Narver and Slater(1990)和 Day(1994)关于市场导向内涵的相关观点，市场导向的企业能够更好地在市场中服务顾客，实现优异的顾客价值。另一方面也说明市场导向影响营销质量。

(五)营销质量对属性价值的影响

假设营销质量对属性价值有正向的显著影响。表 5-14 的数据显示，两者之间的路径系数为 0.69，达到显著性水平($T=6.96$，$P<0.01$)，假设 H_5 获得验证。这表明，企业对外营销活动的质量越高，顾客对产品的属性价值的感知就越强。这一结论与 McCune(1998)、科特勒(2003)和万后芬(2003，2005)等的分析结果一致。

(六)营销质量对体验价值的影响

假设营销质量对体验价值有正向的显著影响。表 5-14 的数据显示，两者之间的路径系数为 0.71，达到显著性水平($T=9.36$，$P<0.01$)，假设 H_6 获得验证。这表明，企业对外营销活动的质量越高，顾客在购买过程中对价值的体验就越强。这一结论与 McCune(1998)、科特勒(2003)和万后芬(2003，2005)等的分析结果一致。

三、背景变量对模型研究变量的影响

本研究将所有权类型、产业类别、企业地理区域三个背景变量作为自变量，将目标价值作为因变量，运用多元方差分析，确定背景变量对全面质量营销导向水平的影响。

1. 所有权类型对模型研究变量的影响

表 5-15 数据表明了所有权类型对本研究模型相关变量的影响。从各研究变量的均值来看，各类制造业企业都较重视树立市场导向观念、提高营销质量和顾客层级价值。同时，除市场导向变量外，公有制企业与非公有制企业在提升营销质量和顾客价值措施的努力上均存在显著差异，后者比前者做得要好，特别是营销质量和体验价值的实施方面。此结果显示，在市场导向观念已经为各种企业认识和接受的今天，非公有制企业面对所承受的竞争压力，其更加注重自身产品和服务市场的质量改进，增强营销质量和顾客对产品的体验价值成为制造业企业提升顾客价值的重要策略。

表 5-15　所有权类型对模型的影响

研究变量	公有制企业（国有独资及国有控股企业、集体企业）$N=29$	非公有制企业（股份制企业、外资）$N=84$	F	P
	平均值			
市场导向	3.605 7	3.719 9	0.766	0.383
营销质量	3.505 7	3.781 7	4.004**	0.048
属性价值	3.715 5	3.940 5	3.824*	0.053
体验价值	3.523 0	3.825 4	7.180***	0.008
目标价值	3.448 3	3.682 5	3.858*	0.052

注：* 表示 $P<0.10$；** 表示 $P<0.05$；*** 表示 $P<0.01$

2. 产业性质对模型研究变量的影响

表 5-16 数据表明了产业性质对模型研究变量的影响。从研究均值来看，各种性质产业都较重视市场导向观念、提高营销质量和顾客层级价值。同时，工业品制造商和消费品制造商在营销质量、属性价值、体验价值方面有显著的差异，特别是营销质量和体验价值。实

践中，工业品制造商重视与关键客户之间关系营销活动的开展，关注对客户使用产品的指导和订货、安装、维护保养、技术咨询等活动的开展，从而较好地提升了客户的价值体验。而消费品制造商面对产品庞大的消费群体，还需要进一步强化营销质量意识，利用自身在渠道方面的业务拓展或者联合企业的中间商，开展消费者在购买和消费环节体验价值创造活动。

表 5－16　产业性质对模型研究变量的影响

研究变量	工业品制造商 $N=71$	消费品制造商 $N=42$	F	P
	平均值			
市场导向	3.725 7	3.631 2	0.643	0.425
营销质量	3.807 5	3.547 6	0.435 9**	0.039
属性价值	3.950 7	3.767 9	3.702*	0.082
体验价值	3.856 8	3.563 5	8.350***	0.005
目标价值	3.671 4	3.539 7	1.461	0.229

注：*表示 $P<0.10$；**表示 $P<0.05$；***表示 $P<0.01$

3. 企业地理区域对模型研究变量的影响

表 5－17 数据表明了企业所在地理区域对模型研究变量的影响。从研究均值来看，沿海和内地企业均较重视树立市场导向观念、提高营销质量和顾客层级价值，而且，在这些方面两者不存在显著差异。说明经历了改革开放 30 多年的变革，市场营销观念不仅在沿海制造业企业中得到重视，内地制造业企业特别是中西部相对发达地区制造业企业也转变了观念，增强了营销意识，反映了内地企业在营销经营观念上的进步。

表 5－17　企业地理区域差别对模型研究变量的影响

研究变量	沿海企业 $N=41$	内地企业 $N=72$	F	P
	平均值			
市场导向	3.961 7	3.707 1	0.146	0.703
营销质量	3.850 4	3.745 4	0.557	0.457
属性价值	4.180 5	3.941 0	2.328	0.130
体验价值	3.862 6	3.796 3	1.621	0.206
目标价值	3.717 9	3.625 0	0.004	0.949

注：* 表示 $P<0.10$；* * 表示 $P<0.05$；* * * 表示 $P<0.01$

本章小结

本章是对研究模型的数据分析和解释。对研究模型中相关变量：市场导向、营销质量、属性价值、体验价值、目标价值的各个量表进行了信度和效度的分析，并对研究模型进行了模型结构分析和研究假设检验。

分析表明，研究变量的各个量表的信度和效度较好，适合做结构方程模型分析。模型分析结果表明，研究模型的基本拟合标准、整体模型拟合度和模型内在结构拟合度均符合相应评价指标的要求，说明模型的拟合程度较好。

研究的路径系数情况分析表明，各变量之间有较为显著的关系，研究中的各个研究假设得到验证，研究假设均成立，说明市场导向、营销质量是顾客价值重要的驱动因素。

在背景变量对模型研究变量的影响分析中，研究分析发现企业所有制类型、企业性质对模型研究变量的某些内容的影响存在显著性的差异，特别是对营销质量和体验价值的作用较为明显。而企业所在地理区域所带来的影响差异不显著。总体而言，各种类型企业都还需要进一步强化市场导向观念，重视营销质量和顾客价值层级活动的开展。

第六章 案例研究——马应龙药业集团顾客价值营销活动分析

马应龙药业是一家有400多年历史的中华老字号企业，经过多年持续快速健康发展，已经成为一家涉足于药品制造、药品研发、药品批发零售、连锁医院等多个领域的专业化、多功能、国际化的医药类上市公司，是中国20家最受尊敬的上市公司之一。本书以该企业的顾客价值营销活动内容为研究对象，访谈了集团董事会有关人士，并深入其客户服务部等部门调研，收集整理了马应龙集团网站等相关信息和资料，对其市场导向的顾客价值营销活动的开展进行了分析。

第一节 马应龙药业集团股份有限公司概况①

一、公司的发展历程

(一)公司的历史

马应龙药业集团股份有限公司(简称马应龙药业)，创建于明朝万历十年，公元1582年，是一个有400多年历史的中华老字号企业。

马应龙药业的前身是以制造眼药闻名于世的马应龙生记药店。公元1582年，马应龙的创始人马金堂于河北定县(今河北定州市)开办了小型眼药铺——马应龙生记药店，创制了“八宝”眼药，其后，总

①根据《马应龙十年发展白皮书》及相关调研资料整理。

店迁至北京。

清乾隆年间，马金堂的后人马应龙将“八宝眼药”定名为“马应龙定州眼药”。道光年间，马应龙的后裔马万兴打破地域局限，进入北京市场开设眼药店，数年后生意兴隆，于是开始开设分店。

20世纪初，南方眼药市场需求量大增，北京地区经营已经无法满足市场需求。1919年企业南迁武昌，将武汉作为马应龙眼药经营的中心。其后人将产品中的“定州”两字去掉，使“马应龙眼药”成为马应龙生记药店的招牌产品。

新中国成立后，马应龙生记药店不断发展，1956年公私合营成立马应龙药厂，1966年更名为武汉第三制药厂。进入20世纪80年代，其推出的“马应龙痔疮膏”名扬海内外。之后，又开发出其他系列产品，生产和经营迅速发展。

1993年，武汉第三制药厂改制为武汉马应龙药业股份有限公司。1995年，我国最早上市公司之一的中国宝安成功受让了原武汉国资持有的马应龙药业55%的股份，正式入驻了这家有着400多年历史的中华老字号企业，此次收购被媒体形象地称之为“宝马联姻”。

至此，该公司被中国宝安集团股份有限公司收购控股，1998年更名成为“武汉马应龙药业集团股份有限公司”。

2008年，经2007年度股东大会审议通过，公司名称“武汉马应龙药业集团股份有限公司”又一次变更，成为今天的“马应龙药业集团股份有限公司”。

(二)公司的成长

从1582年至今，马应龙400多年的历史，悠悠岁月。在其历史的长河中，虽历经变迁，但马应龙药业集团股份有限公司能从一个民间的小型药铺成长为今天的一个拥有2 000多名员工的我国医药工业重要的企业之一，集团董事长陈平先生认为1995年宝安集团的控股是一个重要的里程碑，拉开了马应龙迅速成长的序幕。

1995年宝安集团控股后，公司进入了前所未有的快速增长期，十几年来，公司的各项主要经营指标分别实现了10～100倍的大幅增长。2004年公司股票在上海证券交易所挂牌上市交易，2009年三季度财务公报显示，每股收益达0.94元，在医药行业类表现突出。其中，公司总资产为14.86亿，是1994年12月末的23.22倍。在其2010年1月颁布的2009年业绩预增公告中，马应龙药业股份有限公司董秘夏有章表示，2009年公司业绩有较高增长，预计2009年公司净利润为80 429 493.75元，同比增长120%以上。

二、公司经营业务

从公司的业务来看，从单纯地制造眼膏到生产痔疮膏，直至今天涉足药品制造、药品研发、药品批发零售、连锁医院等多个领域，其业务规模得到了较大的发展。目前，公司下属子公司17个，如表6-1所示[①]，业务涉及上述相关领域。

表6-1 马应龙药业集团股份有限公司控股构架

子公司名称	
通过企业合并取得	通过企业合并以外其他方式取得的子公司
武汉马应龙医药有限公司	武汉天一医药开发有限公司
深圳大佛药业有限公司	武汉马应龙大药房连锁有限公司
深圳市大佛医药贸易有限公司	武汉天一医药科技投资有限公司
西安太极药业有限公司	马应龙国际医药发展有限公司
武汉马应龙汉深大药房连锁有限公司	武汉马应龙医院投资管理有限公司
武汉智康企业管理咨询有限公司	武汉马应龙医药物流有限公司
武汉马应龙爱欣大药房连锁有限公司	武汉马应龙达安基因诊断技术有限公司
湖北天下明药业有限公司	武汉马应龙中西医结合肛肠医院
湖北天下明大药房有限公司	

①数据截止2009年8月。

在产品的生产制造方面，公司产品有制痔系列、妇科系列、止咳系列、皮肤系列、眼霜系列及其他产品，生产功能超过 30 种剂型，基本涵盖药品主要剂型。同时还代理十多个品种的药品。在众多的药品当中，公司拥有马应龙麝香痔疮膏、麝香痔疮栓、龙珠软膏等独家药品超过 20 个品种，可供生产的国药准字号药品超过 300 种，主导剂型已经先后通过国家食品药品监督管理局 GMP 认证，2009 年眼霜系列产品马应龙八宝去黑眼圈眼霜隆重推出，成为公司具有特色的新产品。目前，公司相关产品的生产设施和生产能力均位居国内领先水平。

在药品的研发方面，公司与北京大学药学院、中国医科大学等相关的大专院校和科研机构建立了长期的战略合作关系，和北京大学共同组建了博士后流动站，具有强大的药品研发的技术能力。

在药品的批发和零售方面，公司拥有自身的物流公司和国内较为健全的销售网络，和国内医药流通领域位居前列的 300 多家企业均建立了长期的合作关系，并且取得了药品及相关设备的进出口经营权，产品甚至远销到东南亚和欧美大陆。旗下武汉马应龙大药房连锁有限公司在 2002 年通过了国家药监局 GSP 认证，是湖北省首家获得 GSP 证书的药品零售企业，正逐步成长为华中地区药品零售的著名品牌。

除此之外，马应龙集团涉足疾病诊疗产业，已经在武汉市江南地区投资建设了规模最大的，集临床诊疗和科研于一体的马应龙肛肠医院，该医院按三级医院标准设计建造，软、硬件条件和诊疗设施均达到国内一流水准，成为马应龙药业集团实施肛肠医院在中国连锁化经营的第一家样板医院。按照公司的规划，将用 8～10 年时间以武汉为中心在全国范围内设立 5～8 家连锁肛肠专科医院，利用马应龙集团的实力和品牌信誉，打造中国一流的肛肠专科连锁医院。

时至今日，马应龙集团利用自身 400 多年的历史文化积淀，奉行“为顾客创造健康、为股东创造财富、为员工创造机会、为社会创造效益”的经营宗旨，形成了独特的“以真修心，以勤修为”的文化理念，通过其稳健经营、协调发展的经营活动，弘扬着企业的“龙马精神”，成长为一个具有自身的价值观、哲学观、经营观和企业精神的现代化的有影响力的大型企业。

第二节　马应龙药业集团顾客价值营销活动经验

马应龙药业集团的快速成长从多个角度折射出现代企业经营管理的经验，满足需求、创造和实现顾客价值是现代企业的经营宗旨，纵观马应龙市场导向的顾客价值营销活动的开展，可以总结出如下几点值得借鉴的经验。

一、以市场导向观念指引企业的顾客价值创造活动

现代企业经营管理活动的开展需要正确的战略作为指导。1995年宝安集团控股改制后，公司开始了具有历史意义的变革，注重在市场经营发展战略中突出市场导向的指导思想，以此指导企业的顾客价值创造活动。

改制之初，马应龙是一个传统的生产相关药品的生产型企业，沿袭着原国有企业典型的经营方式，关注的是自身的生产，企业市场意识十分薄弱，面对市场的能力较低。生产的产品90%通过武汉两家医药公司进行批发经销，对产品市场的价格、产品的流向、顾客的需求缺乏了解，企业的经营活动体现了生产导向型企业的特点。

面对这种格局，公司在经营活动中制定和完善了市场经营发展的战略。1996年，在经营战略的制定中将市场导向的营销哲学提上了议事日程，成立了市场营销部。1999年以深受客户欢迎的制痔类产品为核心，确立了自身在市场的品牌定位。2000年，提出了强化市场导向、配置企业资源、改造业务流程、调整组织架构的战略思想。提出了建立客户关系管理系统，实行客户分级管理的方法。2002年制定了《马应龙品牌经营战略纲要》，标志着公司经营活动从以产品为中心进入到以客户为中心的战略阶段。2005年，公司启动了品牌

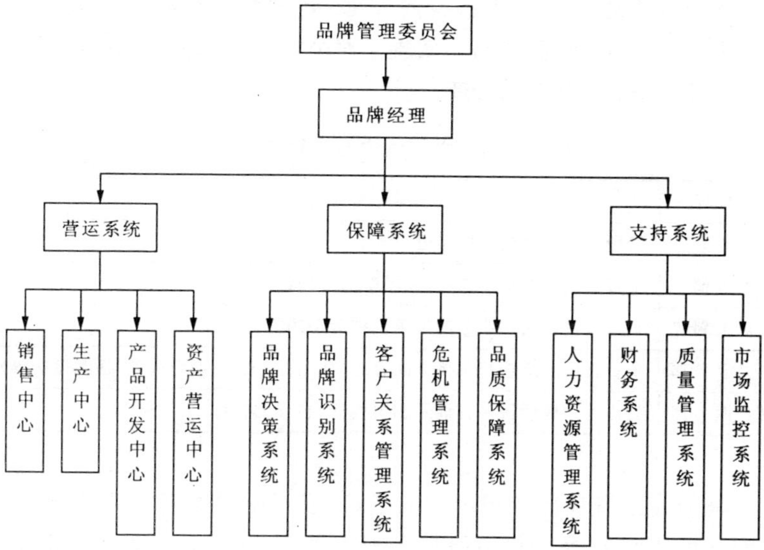

图 6-1　马应龙药业集团品牌经营战略系统

经理制的营销变革,推行了以品牌经理制为主线的品牌经营战略系统(图 6-1)。其后,围绕该战略系统,其组织结构不断调整优化,形成了今天的制痔类和综合类品牌分类管理的业务线型的组织管理构架,以更好地满足市场对企业各类产品的需求。

从图 6-1 可以看出,该战略有三大系统支持:营运系统、保障系统和支持系统。每一系统均体现了关注客户、关注市场的思想,形成了强力打造出的以客户和市场为出发点的“马应龙品牌伞”。

回顾马应龙药业集团营运系统从无到有、不断变化发展的历程,充分彰显了马应龙不断强化自身面对市场的能力。初期,马应龙成立了市场营销部,之后曾将市场营销部改组成销售管理部、市场策划部、销售法务部、产品开发中心及客户服务部。2005 年,随着品牌经理制的形成,营运系统诞生,形成了由销售中心、生产中心、产品开发中心和资产营运中心四大中心构成的营运系统。其中,销售中心经过多次调整(表 6 - 2),现拥有商务部、处方部、市场策划部、公共事务部和客户服务部五个部门,实现了对公司产品和业务所面临的市场经营活动的全方位的营销管理。

表 6 - 2 马应龙销售中心下属部门及职能

下属部门	职能
商务部	管理公司产品的市场渠道
处方部	负责专业处方推广、零售及医院的市场管理
市场策划部	负责集团产品和业务的市场促销活动的管理
公共事务部	负责集团与政府相关事务的管理(如招标、采购、医疗保险、医院运行等)
客户服务部	处理客户售后服务咨询及相关投诉、建议的管理

马应龙的发展能取得今天的成绩,成为中国医药行业的典范,和其倡导的市场观念,即"一切来自于市场,市场决定一切"密切相关。这一观念在其市场经营战略的制定和实施中得到了充分的体现,从上述内容中不难体会到马应龙药业集团在满足顾客需求的战略制定中对市场导向观念的重视和运用。

二、重视创造顾客价值活动的开展,全面提升顾客价值

"四百年精于品质,马应龙专心制痔"是其品牌定位的核心思想,如何打造自身的各项经营业务,实现广大肛肠患者的需求,是马应龙药业集团肩负的使命。集团董事长陈平对马应龙产品和服务曾作出了高度的概括:"客户定位一元化,服务功能多元化。"①公司十分重视产品价值增值的各个环节,全面提升顾客价值。

(一)以产品力促产品质量,保证产品的属性价值

近年来,随着马应龙的不断发展壮大,市场需求的广度和深度快

①文中出现的人物均用的真实姓名,资料来源于马应龙药业网站中的"马应龙期刊"栏目,本章后续部分同理。

速发展。面对每两年一次的 GMP 认证以及医药行业的竞争，其生产中心面临着一些新的挑战，如产品品规的不断扩充，生产规模的快速提升，产能限制及工艺磨合对新产品上市上量的影响等问题，如何将各种先进的质量管理工具与生产经营实践结合起来，保证产品的质量、提高生产管理与控制水平、提升生产应变能力、加强生产保障力度，以获取更好的效益，成为生产中心关注的重要问题。对此，马应龙人提出了产品力的说法。他们认为产品力是一家制造性企业取得成功的关键要素之一，要想解决上述问题，必须要具有产品力。只有产品质量过硬，才能赢得客户的心，才能赢得市场。

如何塑造产品力？他们认为必须在产品的差异化上下功夫。实际生产活动中，为了提高产品力，公司大力提倡提升产品质量、控制产品成本、提高产品附加值等方式创造差异化产品。

一方面，对于产品质量，公司一向十分重视。产品的品质是体现顾客价值的重要的内在属性，同时也直接影响其市场的需求，药品更是不同于一般产品，其质量的优劣直接维系着患者的生命安全，为此，马应龙在产品的研发和生产中将人体安全用药作为第一准则，建立了严格的生产管理规范，提出了产品“零缺陷”的思想，开展生产全过程的精细化管理，保证出厂产品百分之百的合格率。在马应龙生产中心，质量管理活动做到了层层落实到人，采用质量考核、质量分析会等形式对员工进行质量意识的宣传和教育，注重各部门之间的竞争、学习和交流，强化品质管理意识。同时，赋予了车间兼职 QA 相应的质量责任，实现了对生产各个环节的监督和管理，对产品生产全过程的质量实施监控，执行每日信息反馈的质量管理模式。实施监督协调作用，对发现的问题能够迅速联合相关环节，寻找原因、制定方案、完善解决。确保生产过程按规范进行，充分发挥自我保证等一系列措施，保证和提高产品质量。

另一方面，产品成本和产品附加值也是公司关注的重点。公司自 1998 年成立“GMP 改造与认证工作领导小组”，投资改造了多个生产项目，如栓剂车间、口服液体制剂车间、塑瓶车间、软膏车间、固体制剂、搽剂车的改造，新建厂房，先后引进了意大利栓剂生产线、德国软膏生产线、国产高速压片机、国产喷雾制粒机、国产注塑机及先进的检测仪器，使生产和检验的环境和工艺都得到改善和提高。同时，生产过程中，充分运用ERP管理平台进行决策，消除新品种的上量、基本药物目录品种的全面投产等带来的压力。生产组织、计划、控制均建立在信息技术基础上，以系统化的管理思想进行管理。质量保证部门会通过QA每日的检查结果和反馈对生产过程进行相关的评价，定期作出综合评价。此举为公司提高产品质量、提升产品生产工艺水平、降低生产成本起到了重要作用。

经过多年努力，目前，马应龙及旗下子公司药品分别通过了国家药监局GMP质量管理规范体系认证，同时，还获得了国际权威机构SGS颁发的环境管理体系ISO14000和职业安全与健康管理体系OHSAS18000的认证，在医药行业内率先实现了"三认证"。由于产品的工艺和包装的改良，生产的药品如制痔膏、复方甘草合剂、麝香痔疮栓等的内在质量得到提高，外在包装从包装材料到包装外观等方面都得到了改善，同时也使生产成本逐年降低，产品在市场上的竞争力不断提高，顾客对产品的需求不断扩大，所生产的产品具有较高的属性价值。

(二)实行服务功能多元化，实现顾客的体验价值

围绕客户群体的需求，马应龙利用自身的客户资源优势和品牌信誉，采取资本运营的战略，对原有的产业链的上下游进行了延伸，使其经营业务涉及到药品零售、医药物流及医院投资管理项目。目前，集团下属已经拥有马应龙连锁大药房、马应龙医药物流有限公司及马应龙肛肠专科医院，实现了与制痔服务相关多元化的经营活动，为马应龙目标群体快捷、方便地获取公司产品，在咨询和治疗中更好地接受专家和专业人士的指导创造了条件，有利于实现顾客的体验价值。

在马应龙的这种"客户定位一元化，服务功能多元化"的核心服务理念的推广进程中，马应龙肛肠专科医院的建立具有代表性。从其品牌定位的核心思想可知，肛肠患者是马应龙产品和服务的主要对象，为了更好地满足肛肠患者治疗中的需求，实现患者从医到药一条龙式的专业服务，集团首期投资 5000 万元，在武汉市武昌区创建了一流的肛肠专科医院。医院设置了肛肠外科、大肠内科、急诊科、检验科、熏洗中心、理疗中心、水疗室、放射科、彩超室、心电图室等突出肛肠疾病诊断和治疗的特色科室，汇集了一批国内具有影响力的肛肠医疗专家和科研团队，为广大患者提供特色的服务，使患者较好地体验到专业服务带来的满足。该医院已经成为武汉市医保定点医院和武汉市新农合定点医院。以"高在品质、贵在诚信、精在特色、低在价格"的经营导训展开了医院经营服务。按照集团发展战略，未来 3～5 年，马应龙将以武汉为中心在全国范围内设立 5～8 家连锁肛肠专科医院，加快其全国化布局的步伐。

从单一的制药到药品流通渠道乃至肛肠专科医院，马应龙利用自身品牌的制痔优势，在肛肠领域实现了产业链上下游间的良性互动，从集团经营业务的扩展上实现了多功能服务客户、全方位服务客户的思想。

"为客户创造健康"是马应龙经营宗旨的重要内容之一，围绕目标群体的健康需求选择和开展经营业务，体现了其"专家、专业、专注、专心"的服务宗旨，使顾客在其多功能的服务中获得良好的价值体验。

随着产品属性价值和体验价值的提高，马应龙集团获得了社会的高度认可和肯定。顾客的目标价值的实现体现在公司所获得的一系列荣誉之中。

随着企业的快速成长，荣誉纷至沓来，公司获得众多殊荣。2010 年马应龙已经连续五年入选世界品牌实验室、世界经理人周刊联合评估的中国最具价值品牌 500 强，位次和价值逐年提升。其中，2010 年其品牌价值达到 43.21 亿元，排名 210 位。2006 年马应龙荣获国家商务部首批认定的"中华老字号"以及国家工商管理局认定的"中国驰名商标"，且被中国品牌研究院评选为"首届中华老字号品牌价值百强榜”的第 17 位，成为当时湖北省唯一入选该榜的中华老字号企业。2009 年集团获得“湖北省五一劳动奖”称号。2009 年入选国家基本药品目录，其中马应龙麝香痔疮膏(栓)从 2005 年至今，多次获得有关部门颁发的荣誉。如 2007 年，获中国非处方药物协会颁发的“中国非处方药重点类别领先品牌(中成药外科类)”奖牌，2009 年成为中国唯一进入目录的痔疮用药，2010 年马应龙药业荣膺中国最具竞争力医药上市公司 20 强。

三、提升营销质量，增强顾客对价值的感知

公司产品力的大力提升使马应龙老字号品牌价值大增，特别是其制痔系列优势产品在肛肠药品领域影响巨大。今天，在马应龙集团多元化发展的道路上，营销质量在增强顾客价值中的作用正受到公司领导层和员工的关注和重视，提升公司市场营销活动的质量，以此增强顾客对价值的感知的措施正在实行之中。

(一)提高沟通质量，帮助客户了解公司产品，促进产品属性价值的实现

营销 4C 理论认为，沟通(communication)是营销组合的因素之一。营销活动中，和客户之间实现良好的沟通可以帮助客户了解公司的产品性能和特征，听取客户对产品改进的意见和建议，促进产品属性价值的实现。马应龙集团十分重视沟通工作的开展。2003 年，集团销售中心专门成立了独立的客户服务部。一方面，作为公司对外服务窗口，实行工作人员分片负责的方式，为经销商提供服务，接受顾客从产品生产、销售、使用等各环节的咨询以及部分环节的投诉；另一方面，作为公司与顾客信息沟通的桥梁，负责向销售中心及集团领导部门提供客情服务，反映顾客的动态。

多年来，客户服务部员工养成了良好的个人工作素养，为客户提供了热情的服务。其主动服务客户的内容可以总结为以下四类：

(1)客户生日问候。客户服务部分片区建立了完善的经销商档案，每年均会在客户生日来临之际，根据客户的不同身份、性别、年

龄、地域以及不同季节，选择富有个性化和针对性的生日礼品，代表集团表示生日问候。

(2)“六一”子女关怀。每年“六一”儿童节，客户服务部均会对经销商14岁以下子女进行节日问候。

(3)短信服务。每到春节、元宵节、“五一”、端午节等重要节日，客户服务部会向经销商和连锁客户发送代表公司祝福的短信。另外，“三八”妇女节时，还会给女性经销商送去特别祝福。

(4)广告宣传。每当公司在终端市场投放广告之时，客户服务部会向经销商及连锁客户发送相关短信，让客户知晓。

在为客户主动提供服务的同时，客户部还承接了公司专线对外服务电话，接受顾客的咨询和投诉。其内容涉及产品功效、新产品功能、病情咨询、业务往来、对企业产品和服务的投诉和建议。对于相关来电，客户服务部员工均热情接待、认真处理，努力树立公司良好的窗口形象。他们定期汇总相关信息，分析客户在了解新产品和使用公司各种产品中存在的问题和提出的要求，跟踪主要产品的客户咨询动态的发展趋势，统计相关数据并提出分析意见和建议，供相关部门领导参考。如针对客户反映的痔疮膏忽干忽稀的问题，经客服部多次向有关部门通报，公司领导非常重视，采取了系列有效措施，相应投诉呈明显下降趋势。

对于客户投诉的产品质量问题，一般分五个步骤处理：一是耐心细致做好解释说明工作，二是给客户介绍一些补救措施，三是转而推荐其他药品，四是信息反馈，五是对确定不能使用的产品采取换药措施，以维护公司和消费者双方的利益。为了更好地服务客户，他们不断改进和完善投诉流程，使客户问题能够得到更好的解决。通过努力，一些主要产品的投诉问题明显下降。

除客户服务部的沟通工作之外，公司销售人员与顾客关系的处理方法也是完成沟通的一种重要手段。集团销售中心江苏办事处商务经理骆修才认为“开发市场渠道的过程，就是不断遇到堵点、不断疏通的过程”。在和客户的交往中，为了赢取客户的信任和理解，他不顾客户的冷眼，坦诚地交流、沟通，赢得了客户对他、对马应龙的认同。他把顾客当朋友，和客户交心，但凡客户遇到麻烦时，他都竭尽全力地给予帮助。日积月累，他和客户建立了深厚的友谊，并获得了客户对他本人的认同。销售工作是一件辛苦且富有挑战性的工作，许多人常年在不同的城市之间奔波。有时，长途的辗转可能只是为了与客户的短暂见面和接触，马应龙的销售人员用坦诚的交流方式，不断地赢得客户的满意，创造出出色的销售业绩。

马应龙人强烈的沟通意识、服务顾客的思想，在其员工面对市场的工作中得到了显著的体现，而满意的顾客也在为马应龙品牌价值的提升起到推动作用的同时，获得了产品质量之外高层次的享受，得到了额外的价值增值。

（二）利用营销力促进公司的营销质量，提升顾客的体验价值

营销力是马应龙集团在经营管理活动中提出的产品力外的又一个重要概念，利用营销力促进营销质量，是集团市场人员在提升顾客价值实践中的又一重要举措。

一方面，对于药品领域的发展而言，马应龙已经不仅仅满足于药品的生产和制造活动，药品销售渠道的全面覆盖能力的建立正成为集团努力的重要目标。公司有意通过打造渠道全覆盖方面的营销力，用优异的营销质量，形成产品品牌之外的又一个竞争优势，加强顾客对价值的体验，促使顾客体验价值的实现。

马应龙人对财富有着自己的理解，认为财富的来源有三：机会财富、管理财富、创新财富。机会财富和创新财富在市场竞争日趋激烈、企业日趋成熟的今天，产生和获取的空间越来越难，需要时间和科学技术的发展提供机会，并不是随时可得的。而且，在过去的发展中，公司已经较好地抓住了系列这种机会，创造了马应龙今天的繁荣局面。管理财富正成为公司进一步获取竞争差异化的目标，成为公司实现顾客价值的重要工具。他们认为管理是一个广义上的概念，落实到销售，就是营销力。

马应龙的营销力应该起始于其优势产品制痔膏在市场上的影响

力，由于制痔膏显著的治疗效果，在药品经销渠道中受到渠道商的广泛青睐，也受到产品价值链下游企业医院的欢迎。这些为其在渠道环节和医疗行业的发展打下了良好的基础，创造了通路优势，拥有了拉动渠道进货，零售铺货，最终实现广泛的产品覆盖的营销力。目前，马应龙连锁药房、马应龙肛肠医院的发展壮大，正是借助了这种营销力，扩大了品牌的影响力，也减少了其系列产品推向市场的中间环节，方便了患者的用药和治疗。

另一方面，马应龙十分重视销售队伍的建设，意在通过增强销售团队的执行力来提高企业的营销力。以往，公司十分注重利用自身产品的质量和品牌优势完成销售任务。现实竞争中发现遇到了极大的困难，执行效果与预期相差较大。市场的快速变化，使马应龙管理者意识到企业必须提高自己的营销力，将之作为核心竞争力，才能有效地占领市场。为此，针对公司围绕"提高企业执行力"主题活动的探讨，其中层管理人员销售中心湖北办事处彭国柱说道："我认为执行力就是在正确理解公司销售策略、纲领以及领会上级工作意图的前提下，合理地将工作分解到每位下属员工身上，并通过激励、考核等机制，推进销售策略的执行。"马应龙王府井药店店长罗小瑛在如何形成团队合力、增强营销力的问题上有这样的感受。她认为可在药店的人情化管理、制度化管理、个性化管理上做文章。作为店长，在人情化管理方面，一是要关心员工，为员工着想，在制度面前虽人人平等，但要"有情操作"；二是要和兄弟药店、顾客、供应商融洽关系。和兄弟药店加强联系，相互了解市场信息，通报彼此的销售情况和库存结构，以便科学地制定要货计划，互相调剂商品，盘活库存；在销售工作中要善于与顾客交朋友，使新顾客变成老顾客；与熟悉的用药单位建立长期的合作关系。在制度化管理方面，要制定服务规范，坚持执行，提倡"微笑服务"。在个性化管理方面，提出了推行"7S"管理模式，即整理、整顿、清洁、清扫、教养、微笑、安全。

随着营销力的提高，营销质量随之提升，马应龙在药品渠道行业如虎添翼，发展迅速，三年内新增 200 家直营零售店，成为华中地区药品零售第一品牌。2009 年共实现营收 10.22 亿元,赚得净利 1.8 亿元,增长 123.9%,满足了顾客从医到药的多种需求,实现了顾客价值。用较高的营销质量为患者带来了方便、快捷、专家和专业人士提供服务的体验利益,打造了医药行业独特的价值链。其价值链提供的高质量的营销活动,使顾客在获取了产品内在属性带来的价值之时,还促进了顾客对体验价值的获取。

时代的车轮推动着人们不断向前迈进,马应龙人也在营销实践活动中用自己的辉煌不断谱写着新的篇章。以市场导向、营销质量驱动公司的顾客价值创造活动,实现顾客满意的价值,既造就了马应龙在当今制痔市场第一品牌的地位,也拉开了其未来在更广阔的领域内服务顾客、创造顾客价值的序幕。

本章小结

本章是案例研究,全文以马应龙药业集团为研究对象,在对马应龙集团的发展历程和经营业务等概况介绍的基础上,对马应龙的顾客价值营销活动经验进行了细致的阐述和分析。

总结马应龙的顾客价值营销活动经验,总体归纳为三个方面:其一,以市场导向观念指引企业的顾客价值创造活动;其二,重视创造顾客价值活动的开展,全面提升顾客价值;其三,提升营销质量,增强顾客对价值的感知。

马应龙的顾客价值营销活动实践证明,企业的市场导向观及营销质量对顾客价值的形成有重要的影响,企业应该重视市场导向、营销质量对顾客价值活动的驱动作用,创造优异的顾客价值,满足顾客需求。

第七章 研究结论与展望

创造顾客价值是市场营销学一个恒古的研究话题。本书所提出的关于市场导向、营销质量和顾客价值关系的研究假设均得到了支持。根据相关量化分析和案例研究的结果,可以总结出一些有参考价值的结论。同时,亦可以为我国制造行业乃至所有企业提供提升顾客价值营销活动的思路和参考。对存在的局限性和研究价值的分析,将为未来此类问题的研究改进研究方法和选择研究方向提供参考。

第一节 研究结论

自 Woodruff(1997)提出提升顾客价值、创建企业竞争优势的理论以来,学者对顾客价值的研究无论广度还是深度都十分丰富。本书结合市场导向理论、营销质量理论所做的顾客价值层次论的探讨,根据实证研究数据分析结果和案例研究分析结果,得出以下研究结论。

一、顾客价值可用属性价值、体验价值和目标价值三个层次来评价

回顾顾客感知价值的研究历史,Gale(1994)、Monroe(1990)、Zeithaml(1988)、科特勒(1999)等众多学者对顾客价值的认识都持有静态的观点,从顾客价值的内在属性的构成上认识价值,突出产品和服务的属性对顾客价值的重要作用。实践研究证明,Woodruff 的价值层级论的动态价值形成观有利于我们更清楚地认识到价值对顾客的意义。从顾客需求满足的全过程来看,顾客既需要企业提供良

好的产品和服务质量，也渴望在购买过程中获得有价值的购买和消费体验，希望通过愉快的消费行为发生获得生理上和心理上的满足。因此，Woodruff 的评价价值的相互关联的三个层次：基于属性、结果和目标的满意合乎顾客的实际需求，有其特定的意义。实证分析结果显示可用由产品和服务的内在属性为内容的属性价值，以顾客在消费过程中的市场体验为内容的体验价值，以及以顾客购买和使用后对企业提供的价值的总体满意评价为内容的目标价值作为顾客价值的三个层次的内容，用之衡量顾客对价值的动态理解。

（1）本研究证明了顾客价值的三个层次间的传递关系。其中属性价值对体验价值、体验价值对目标价值皆具有较强的路径关系，用产品的内在属性作为属性价值的指标，清晰地显示了顾客感知价值的基本标准。产品固有的质量是顾客感知价值的基础，产品的功能属性、使用属性以及其他独特的性能特征，是顾客体验价值的源泉。顾客对价值的理解建立在属性价值的基础上，所形成的认识会影响其在购买过程中对产品的选择和使用感受，良好质量的产品有助于顾客获得满意的体验感受，增加最终满意的机会。

（2）体验价值是价值构成中的重要因素。体验价值是顾客在购买和使用产品过程中的感受，一方面受产品属性的影响，另一方面会影响顾客最终的总体评价，在价值的评定中起着重要的作用。顾客在企业供给的试穿、试用、模拟消费、指导消费过程中获得的感知，会增强其对顾客价值的感受，这种感受类似于 Zeithaml 所说的抽象价值的获得，归属于高层次的价值属性。如果说产品价值带给顾客生理上的满足多，那么体验价值带给顾客心理上的满足更多。

二、市场导向观念对顾客价值的创造活动起指导作用

（一）对市场导向观念的再认识

对于市场导向这一变量，研究中使用了 Narver and Slater (1990)的三个构面：顾客导向、竞争者导向、跨部门协调。数据分析显示三个构面相对于市场导向变量的因子载荷分别为 0.64、0.57、

0.58，顾客导向的影响略强于其他两者，其因子载荷为0.64，说明三个构面都对市场导向有着重要的作用。其中，顾客需求有着举足轻重的作用，这又一次证明顾客需求是营销的核心问题。

（二）市场导向观念驱动顾客价值

市场导向观念作为企业的市场营销哲学，是企业营销活动的指导思想。以往对顾客感知价值的理解视角比较单一，其中主要突出顾客视角的价值内容，表现了消费者主权时代的营销思想——顾客导向。当今，市场导向观念认为，企业的营销活动需要做到顾客导向、竞争者导向、跨部门协调三大导向兼顾，在顾客价值的创造问题上，需要本着这种思想，均衡三者利益，合理地提供顾客满意的价值。本研究模型中，市场导向是驱动顾客价值的前置变量之一，研究证明它对产品的属性价值有驱动作用。市场导向的企业会本着三者兼顾的思想，利用自身的能力和资源，给市场提供具有竞争力的产品质量和更有效地开展外部营销活动，通过此种方式实现顾客满意的价值。

（三）市场导向的企业通过实现顾客价值取得营销绩效

市场导向对企业营销绩效的正向影响已经为众多学者在研究中证实，虽然对营销绩效的衡量标准理解较多，Morrison and Roth（1992）以ROA、ROI和销售增长三年的平均值作为衡量营销绩效的指标①；Lumpkin and Dess（1996）则提出衡量营销绩效的指标，除了包括传统的财务绩效指标（如销售增长率、市场占有率和利润）外，还应包括全面性绩效指标（如利益相关者的满意度等）；Dess，umpkin and Covin（1997）②、Oczkowski and Farrell（1998）③等都表明了类似

①Morrison，Allen J，A and Kendall Roth，A Taxonomy of Business-level Strategies in Global Industries. *Strategic Management Journal*，1992，Vol. 13，pp. 399～418.

②Dess. G.，Lumpkin G. and Covin J.，Entrepreneurial Strategy Making and Firm Performance：Tests of Contingency and Configurational Models. *Strategic Management Journal*，1997，Vol. 18，Iss 1，pp. 2～23.

③Oczkowski，E. and M. A. Farrell，Discriminating Between Measurement Scales Using Nonnested Tests and Two-stage Least Squares Estimators：The Case of Market Orientation. *International Journal of Research in Marketing*，1998，Vol. 15，pp. 349～366.

的观点，从企业的获利和顾客的满意方面反映营销绩效。杨智博士认为这种绩效可以通过市场导向的组织学习和营销创新获得。结合本课题对市场导向对顾客价值的正向驱动作用的验证，笔者认为组织学习和营销创新能力会通过企业的产品和服务的质量以及营销质量体现出来，也就是说顾客价值的创造能力是组织学习和营销创新能力的反映，只有创造出优异的顾客价值，才能实现企业的营销绩效。

三、营销质量驱动顾客价值的形成过程

营销质量是全面质量管理理论和全面质量营销研究带来的新概念。文献分析及企业实践已经充分体现了它对提升顾客价值活动的重要性。实证研究结果表明，营销质量受市场导向观念的指引，对产品属性价值和体验价值的形成有显著的正向影响。以往，学者在这方面的研究更多地表现为一些定性的分析，这点前面已有分析和说明。本书实证分析后有如下启示。

（一）营销质量受市场导向观的驱动

营销质量是全面质量构成的重要内容，杜鹏、万后芬（2009）研究指出，市场导向和质量导向是一种互补的商业理念。其中，质量管理需要市场驱动来提升质量改进努力对企业绩效的影响①。本研究表明，营销质量受市场导向观的驱动，组织的市场观念的强弱，会在其服务市场的行动中体现出来。在信息的产生、传递和沟通中，制定快捷、灵活的机制，组织高效的营销活动，对内反馈市场信息，对外通过渠道策略、促销组合多种方式服务顾客需求。

（二）营销质量驱动顾客价值

营销质量是企业实施外部营销活动的服务顾客的质量②，体现为组织在市场上传递和沟通顾客价值的过程之中。研究表明，营销

---

①杜鹏，万后芬. 市场导向、质量导向与企业绩效关系的研究，《管理学报》，2009 年第 5 期。

②本书从研究目的出发，将外部营销质量视为营销质量。

质量在顾客价值的创造活动中，对属性价值和体验价值有正向的驱动作用。

1. 营销质量可以促进顾客对属性价值的感知

外部营销指的是运用媒体、广告、活动所进行的营销行为。营销过程中对所传递的服务或产品设定顾客期望，通过广告、促销等方式对顾客提供承诺。创意独特、具有个性的广告，会向顾客传递产品所设定的顾客期望，帮助顾客了解产品独特的性能和特性，或者改变潜在顾客对产品原有的不正确的联想和认识，起到促进顾客对产品属性价值感知的作用。特别是对于消费品市场营销而言，有效的广告诉求活动会对促进销售带来重要的影响，是促销组合的重要方式，为企业广泛使用。除此之外，企业借助品牌优势，进行渠道延伸战略，将成功的管理理念和实战经验在渠道中复制和发展，或者开展公共关系活动，或者借助体育营销、事件营销等活动的开展和参与，都能扩大自己的影响力，强化在顾客心目中的企业形象，促使顾客关注企业的产品，主动了解产品的利益。

2. 营销质量可以提升顾客的体验价值

高效的营销活动在促进顾客对属性价值感知的同时，还可以使顾客在活动的参与过程中获得良好的价值体验。一方面，给顾客带来产品使用价值的感受，体会到产品的效用。另一方面，良好的服务过程会给顾客带来一种心理上的愉悦。这两种结果都是价值的增值，满足了顾客对产品购买和使用中的一种潜在的需求，是顾客在购买过程中的一种利益体现。通过看(See)、听(Hear)、用(Use)、参与(Participate)的手段，充分刺激和调动消费者的感官(Sense)、情感(Feel)、思考(Think)、行动(Act)、关联(Relate)等感性因素和理性因素，引发消费者的思考、联想，并使其行动和体验，通过消费体验向顾客提供个性化的服务，使顾客获得一种基于体验的满足。

在产品同质化越来越严重、产品研发和创新越来越艰难的今天，将企业的能力向相关领域拓展，提高营销质量，打造基于体验的价值链，将成为企业获得竞争优势的新武器。体验价值的获取方式多种多样，但成功的关键是活动的质量。

第二节 营销管理借鉴

市场导向、营销质量对顾客价值形成的过程有驱动作用，研究结论已经对此作出了理论意义上的总结。同样，相关研究结果对我国制造业乃至其他行业的营销实践活动也具有重要的借鉴意义和参考价值。

一、动态地看待顾客价值，全方位打造顾客价值

提供满意的顾客价值是企业在竞争中可持续性的竞争优势。在制造业的成长过程中，提供顾客满意的高质量的产品，一直以来被看作是保持这种优势的根本。在制造业经营管理者的视角中，产品质量就是顾客价值。Zeithaml 等的静态顾客价值观就是这种认识的理论归纳。Woodruff 顾客价值层级论的提出，需要企业重新审视顾客价值的内涵，对顾客价值从动态的角度加以认识。

（一）重视顾客体验价值在价值构成中的作用

苹果公司的制胜市场之道、百年老字号马应龙药业的快速发展，无不给企业经营管理者提供了同一个强烈的信号：企业及其产品的市场感知力是何等重要。宏基集团董事长施振荣先生提出的“微笑曲线”(Smiling-Curve)也告诉了我们同一个道理。产品价值链顺次被分为三大环节：其一是技术环节，包括研发、创意设计、提高生产加工技术、技术培训等环节；其二是生产环节，包括采购、系统生产、终端加工、测试、质量控制、包装和库存管理等分工环节；其三是营销环节，包括销售后勤、批发及零售，品牌推广及售后服务等分工环节(张剑、袁洪飞、吴解生，2007)。价值链两端环节带来的价值附加值远远大于当中的生产环节。在竞争日趋激烈化的今天，产品质量的同质化渐趋严重，企业的产品研发能力和创新能力日益艰难，关注产品的市场销售和服务环节的营销活动成为顾客价值增值的重要策略。特

别是消费品制造行业，增强顾客的独特消费体验，创造顾客体验价值，是企业成功的法宝。通过品牌、营销渠道、运筹能力，提升工艺、制造、规模的附加价值是企业占领市场、巩固其市场地位的重要手段。

(二)全方位打造顾客满意的价值

动态的顾客价值观认为顾客价值具有层级的特点，产品的属性价值是价值的基础，体验价值能够增加价值的附加值，顾客满意是价值实现的最终目标。制造业乃至其他行业在价值的创造过程中应该持有这样的一种价值观，全方位地打造顾客价值。一方面，通过OEM(原始设备制造)、ODM(原始设计制造)、OBM(原始品牌制造)创造产品属性价值；另一方面，应注重市场服务顾客的策略，通过渠道优势、营销组合优势强化顾客对价值的感知。李廉水、周勇(2005)研究指出：新型制造业就是依靠科技创新、降低能源消耗、减少环境污染、增加就业、提高经济效益、提升竞争能力，实现可持续发展的制造业[①]。因此，发展中国新型的制造业工业，应加强科技创新，开发出更好的产品，同时也应该抓住新能源、环保等概念，加大市场宣传和推广力度，树立企业良好的市场品牌形象，和顾客之间建立某种关联，延续服务顾客的能力，使顾客满意，实现顾客忠诚。

二、树立市场导向的顾客价值观

自20世纪90年代Kohli and Jwaorski和Narver and Slater提出市场导向观念的衡量标准以来，市场导向已经作为一种企业经营哲学深入到管理经营者的头脑之中，在经营实践中广泛运用。

顾客价值的创造活动是企业市场营销的核心活动，市场导向观念对价值的影响体现在价值创造、传递和沟通的各个环节。满足顾客需求是营销的核心，但满足需求的活动应根据市场竞争环境的因素加以改进，竞争者的价值创造活动是市场驱动型企业思考的重要

①李廉水，周勇.中国制造业“新型化”状况的实证分析，《管理世界》，2005年第六期。

参考，企业跨部门协调能力是价值创造的必备条件，企业应该结合三者进行思考，规划顾客价值活动的内容和形式，形成差异化的竞争优势，取得经营的成功。苹果公司正是因为提供了同行竞争者所不具有的产品功能的延续性服务措施，拥有史蒂夫·乔布斯独具个性的领导魅力及其高素质的团队，开发出具有强烈市场感知力的产品，才紧紧抓住了顾客的心，实现了较高的顾客价值。马应龙正是因为利用独有的品牌优势资源并对其进行市场延伸，形成强大的渠道优势和产品后续市场价值的开发，重视市场顾客信息的沟通和反馈，才迎来了今天茁壮成长的局面，无数企业成功的经验都证实了市场导向的重要性，市场导向观念是正确的顾客价值观形成的基础。

三、开展全面质量营销活动，提供顾客满意的营销质量

自管理思想的萌芽，市场营销从生产观念到全面质量营销观念，质量一直受到企业的关注和重视，早期对质量的探讨是围绕产品和服务的质量进行。20 世纪 70 年代的全面质量管理热潮，强调的重点是对产品和产品生产过程的质量控制和管理。21 世纪倡导的全面质量营销观念提出了质量和营销的结合，提出了由产品质量和营销质量构成全面质量的思想。其中，针对服务顾客的市场活动行为，提出了外部营销质量的概念。

对于制造业而言，提供顾客满意的高质量的产品，一直以来都被认为是制造业取胜市场的关键。全面质量营销观念指引下，企业应该同样重视营销质量，以全面质量赢取市场。

（一）用市场导向的经营观指导营销质量

外部营销活动是通过企业的各种市场行为体现出来的，活动效果的好坏可以用营销质量来衡量。营销质量的形成需要在市场导向观念的指导下完成。营销方案的形成和执行，应该考虑环境各方面因素的影响。马应龙集团提倡组织的执行力，认为这是马应龙企业文化——龙马精神在实践中的体现，是组织区别于竞争者的重要的无形资产。执行力在市场中体现为营销力，是贯穿于企业营销活动、

服务顾客的能力，应该通过“以真修心，以勤修为”、“真诚实在做人，勤劳踏实做事”来表现这种营销力。这种认识就是市场导向营销质量的写照。

（二）通过营销质量促进顾客对产品属性的感知

营销质量通过市场各种活动反映出来。马应龙强调客服人员、销售人员、渠道服务人员与客户沟通、处理实际问题的工作质量，通过打造高效的营销力团队，扩大企业品牌和产品的知名度，帮助经销商和患者深入地了解产品的质量，作出正确的选择。过去，公司更加注重广告、人员推销等形式对顾客施加影响，认为这些方式是顾客获得产品知识的重要促销方式。现在，一些企业开始认识到渠道的培育、网络的强劲功能的开发利用等都是不容忽视的手段，企业可以通过多种方式影响顾客，增强顾客的产品知识。

（三）利用营销质量实现顾客的体验价值

体验价值随着体验营销活动的开展为顾客知晓和接受，成为21世纪新的营销思潮。体验价值并不是服务行业所特有的专利，制造行业也可利用体验活动的开展，用高效的营销质量为顾客创造体验价值。

企业改进营销质量的手段较多。苹果公司注重顾客在其店中和苹果公司网站上享受到的增值服务，帮助顾客了解和解决使用中存在的问题。舒适的苹果直营店的购物体验环境，提供增值服务的苹果官网、联合产品下游的关联企业而延伸出的产品功能，使顾客能够在店中获得产品强大功能的使用而带来的快感，心理上获得极大的满足。如果只是潜在的顾客，也许在不久的将来就成为了苹果产品的消费者。马应龙对其经销商采取人性关怀的服务，关心经销商的个人和家庭生活，使经销商获得价值的增值体验。高效的营销质量使顾客在产品购买和使用中获得了新的收获，营销质量对实现顾客体验价值有重要的作用。

企业顾客价值活动在理论研究的指导下不断深入，树立市场导向顾客价值观，通过全面质量营销活动的开展提升营销质量、创造和实现顾客价值，将是一个值得企业在实践中思考和尝试的内容。

第三节 研究的创新、局限与展望

一、研究创新

回顾研究的整个过程和内容，笔者认为本研究的创新之处表现在以下几个方面。

（一）构建了动态的顾客价值层级模型

利用手段-目的链理论，借用 Woodruff 顾客价值层级模型的思想，构建了本研究的顾客价值层级模型，用产品的属性价值、体验价值和目标价值三个相互关联的变量动态地描述顾客价值。

（二）选取了顾客价值驱动因素研究的新视角

顾客价值层次模型是构建在市场导向和营销质量驱动的基础上的，从理论意义上说，实际是研究的市场导向观和全面质量营销观对顾客价值形成的影响。其一，市场导向理论的影响研究，除顾客导向因素研究较多外，其他方面，学者只是针对其中的某些要素做过研究，没有完整的探寻。本书全方位地探寻了市场导向对顾客价值的影响；其二，全面质量营销观念本身就是一种较新的理念，相关研究较为薄弱，将其重要的概念——营销质量运用于顾客价值模型研究是一种崭新的尝试。

（三）开发并验证了顾客价值层级量表

在顾客价值层级论的理论研究基础上，以 Woodruff 的观点为参考，结合深度访谈及相关学者研究成果，在预调研的基础上开发了属性价值、体验价值及目标价值量表，用属性价值、体验价值和目标价值作为顾客价值层级的内容，并将之用于实证研究。

（四）实证验证了营销质量量表

营销质量量表来源于 Kotler 的定性论述及本研究的深度访谈，通过实证分析，验证了该量表的可操作性。

(五)研究思路独特,研究方法科学合理

顾客价值层次模型的定性研究分析运用较多,鲜有定量分析运用。不同于以往学者多以静态的方式实证研究顾客价值的驱动因素的思路,本书以动态的顾客价值模型用于研究,较好地体现了市场导向、营销质量对顾客价值的驱动方式。在实证分析的基础上,还采取了案例研究的方法,从企业实践经验的角度印证研究结论,增强了本研究结果的说服力,使本研究具有较高的研究价值。

二、研究局限

本书力争科学合理,但是由于受到笔者研究水平和研究环境等多方面的限制,研究存在一定的局限性。主要表现在以下几个方面。

(一)研究样本的局限

本研究的样本选取范围主要来自于湖北、河南、浙江、河北和广东等地。虽然考虑了我国制造业较为发达的几个代表性的地区,但因为采用的是方便抽样的方法,受到个人资源、能力和时间的限制,会存在方便抽样所带来的样本的代表性不足的问题。

(二)研究分析尚欠深入

本研究对市场导向、营销质量驱动的顾客价值进行了研究分析,得出了一些研究结论,但研究分析的某些方面尚缺乏更深层次的研究和探讨,如关于行业所带来的影响研究不足,深度访谈还可进一步细致规划。

(三)研究结论的局限

本研究初始的想法是探寻非特定行业意义下的市场导向、营销质量驱动的顾客价值问题,但研究中发现,制造业和服务业在价值属性上存在较大的区别,考虑到研究内容和时间的问题,最终选择了以制造业为研究对象。因此所选样本为制造业企业的员工,研究结论适用于制造业的顾客价值创造活动,相关因素对其他行业,如服务业的作用机制有待探讨。

三、研究展望

总结本研究的经验和存在的问题，未来研究中准备从以下几个方面进行进一步的改进和思考。

（一）完善定性研究的内容，加强行业内和行业间的比较研究

本研究在模型的构建和变量选取及量表的形成研究中，运用了深度访谈的内容，但访谈的结果主要用于对模型和变量的选取的验证，在量表开发方面的作用运用不足，对量表的科学性和代表性有一定的影响，未来研究中将从研究方法上对此加以改进。

（二）探讨市场导向、营销质量对服务行业顾客价值形成的影响

本研究对象为制造业，未来研究中，笔者希望能够利用积累的相关研究资料和研究中对制造业和服务业的分析思考，有机会尝试探究市场导向、营销质量对服务行业顾客价值形成的影响，以丰富此类问题研究的内容。

本章小结

本章是全文的终结篇。全文对本研究的结论进行了总结，阐述了研究的营销管理借鉴，说明了研究的创新、研究局限和研究展望。

本研究的结论从顾客价值层次的评价方法、市场导向观念与顾客价值创造活动关系、对营销质量的再度认识、案例研究制造业企业顾客价值营销活动经验四个方面进行了总结，阐述了研究的理论意义和贡献。

本研究的营销管理借鉴表现在以下方面：提示企业动态地看待顾客价值，全方位打造顾客价值，树立市场导向的顾客价值观，开展全面质量营销活动，提供顾客满意的营销质量。

本研究的创新之处为：构建了顾客价值层级模型，选取了顾客价值驱动因素研究的新视角，开发了顾客价值层级论的量表，实证验证了营销质量量表，研究思路独特，研究方法科学合理。研究的不足之处在于：研究样本的局限、研究分析尚欠深入、研究结论的局限。未来研究中将完善定性研究的内容，加强行业内和行业间的比较研究，探讨市场导向营销质量对服务行业顾客价值形成的影响。

附 录

附录一 访谈提纲

您好!

非常感谢您在百忙中接受访谈!我是中国地质大学经济管理学院的教师,市场营销专业在读博士,正在参与一项国家自然科学基金项目的研究并进行博士论文的写作,论文主题是有关制造业的市场导向、营销质量驱动的顾客价值实证研究。

由于研究的需要,特进行深入访谈。作为这方面的专家,您的观点和看法将对本次研究有很大的帮助。

本项研究主要用于完成课题报告、撰写博士论文,访谈的数据资料我会严格保守机密,不会用于任何商业用途。如果您需要,我会在研究完成后寄送一份研究结论报告给您。

本次访谈大概需要40分钟左右时间,为了准确地记录您的访谈发言,能否允许我用录音笔?

开始:

请问您所在的单位及主营业务,您工作的部门、职务,您在该行业工作的年限,您的教育背景和年龄。

请简要地描述一下贵公司的情况(成立时间/所有制/所在地/产品属类(工业品还是消费品)/市场竞争状况及产品市场占有率情况)。

介绍问题:

您听说过市场导向、营销质量和顾客价值这几个词吧?我的问题将围绕它们进行。现有以下几个问题向您请教。

(1)您如何理解顾客价值?

(2)您是否认为顾客在购买和使用贵公司的产品和服务前后对顾客价值的认识会存在差异?

(3)您如何理解营销质量?

(4)您认为营销质量是否会影响顾客价值?如何影响?

(5)您如何理解市场导向?贵公司在经营活动中是否实行市场导向的经营观?

(6)您认为实行市场导向经营观的公司是否会对营销质量和顾客价值带来影响?

(7)您对本研究的理论模型是否认同?该模型是否适合您公司所在的行业?

我的问题完毕,谢谢您的回答。您对此次访谈还有什么看法?

再次感谢您接受访谈,耽误了您的宝贵时间深感抱歉!

附录二 预调研问卷

尊敬的先生/女士：

您好！非常感谢您在百忙之中填写这份问卷！

本问卷所调查的问题，是中南财经政法大学工商管理学院博士生导师万后芬教授主持的国家自然科学研究基金项目（项目批准号：70672114）的重要组成内容，意在研究企业市场导向观念、营销质量和顾客价值的关系。您对本问卷所有问题给予的回答将匿名进行，仅作为学术用途，我们将为您以及您对本问卷的看法保守机密。如您手中的是电子版本的问卷，您可以选择通过 E-mail 的方式及时将您的回答信息反馈给我们。辛苦您了！谢谢您对我们完成本课题的最大支持！

E-mail：xiongy65@163.com

祝工作顺利，万事如意！

中南财经政法大学工商管理学院

课题组全体成员

敬上

注:填答说明

1.在填答该问卷前,请您阅读如下问题,这将决定您因所在行业特点而是否适合本次调研。

您所在的行业类别:□1.工业品制造商　　□2.消费品制造商　□3.其他

如果您的答案为选项3,则本访问终止,谢谢您的合作。

2.以下是"市场导向、营销质量驱动的顾客价值实证研究"有关问题的调查和咨询。请就每一项问题,根据您对贵公司的了解,作出客观的判断(请在您认可的备选答案所对应的数字上打"√")。

市场导向量表

序号	项　目	非常不符合	不太符合	难以判断	比较符合	非常符合
	顾客导向					
1	顾客满意是公司的经营目标	1	2	3	4	5
2	公司对执行"满足顾客需要"实行了监督	1	2	3	4	5
3	公司在充分了解顾客需求的基础上制定竞争优势战略	1	2	3	4	5
4	"为顾客创造价值"是公司竞争战略的目标	1	2	3	4	5
5	公司经常系统地测量顾客满意度	1	2	3	4	5
6	公司十分重视售后服务	1	2	3	4	5
	竞争导向					
7	公司的营销人员与其他人员一起分享有关竞争者的信息	1	2	3	4	5
8	公司对竞争对手的任何行为能迅速作出反应	1	2	3	4	5
9	公司凭借自身的优势招徕顾客	1	2	3	4	5
10	公司的高层经常讨论竞争对手的优势与劣势	1	2	3	4	5
	跨部门间协调					
11	公司各部门主管会定期访问顾客或潜在顾客	1	2	3	4	5
12	公司各部门互通有关顾客的信息	1	2	3	4	5
13	公司各部门一起致力于满足目标市场的需要	1	2	3	4	5
14	公司管理者懂得如何调动每个员工的积极性为顾客创造价值	1	2	3	4	5
15	公司各部门均能共享资源	1	2	3	4	5

属性价值量表

序号	项　目	极低	较低	中等	较高	极高
1	顾客认为公司产品的总体质量	1	2	3	4	5
2	顾客认为公司产品的性能	1	2	3	4	5
3	顾客认为公司产品的突出特征	1	2	3	4	5
4	顾客认为公司产品的可靠性(使用寿命内低故障率)	1	2	3	4	5
5	顾客认为公司产品对标准或规格的符合程度	1	2	3	4	5
6	顾客认为公司产品的耐用程度	1	2	3	4	5
7	顾客认为公司产品的易于修复	1	2	3	4	5
8	顾客对公司产品的外观感受	1	2	3	4	5

体验价值量表

序号	项　目	极差	较差	一般	较好	极好
1	顾客对公司产品或服务质量的总体偏好	1	2	3	4	5
2	顾客对购买过程中的体验感受	1	2	3	4	5
3	顾客对公司产品质量特性,或者产品满足其需要的程度的评价	1	2	3	4	5
4	给定价格下的质量等级	1	2	3	4	5
5	给定质量下的价格等级	1	2	3	4	5
6	顾客对公司产品的品牌的偏好	1	2	3	4	5
7	顾客对公司产品的广告水平的感受	1	2	3	4	5

营销质量量表

序号	项　目	极差	较差	一般	较好	极好
1	营销人员在帮助公司向目标顾客确定和提高产品质量或服务时发挥了重要作用	1	2	3	4	5
2	营销人员确保顾客的要求正确地传达给产品或服务的设计者	1	2	3	4	5
3	营销人员确保顾客的预订正确而及时地得到满足	1	2	3	4	5
4	营销人员检查顾客在有关如何使用产品或服务方面得到了适当的指导、培训和技术性的帮助	1	2	3	4	5
5	营销人员在售后与顾客保持接触,以确保他们的满足能持续下去	1	2	3	4	5
6	营销人员收集顾客有关改进产品或服务方面的意见,并将其反映到公司各有关部门	1	2	3	4	5

目标价值量表

序号	项 目	极低	较低	一般	较高	极高
1	顾客总体满意度	1	2	3	4	5
2	顾客认为公司的产品或服务没有达到期望的性能的程度	1	2	3	4	5
3	顾客认为公司的产品或服务超过期望的性能的程度	1	2	3	4	5
4	与顾客理想中的产品或服务比较,公司的产品或服务	1	2	3	4	5

公司及受访者的基本资料(以下资料主要作为分类研究的依据,严格保密,请放心)

1. 贵公司所在地:________省

2. 贵公司大约有多少在职员工?

□1. 100人以下　□2. 101~500人　□3. 501~1 000人

□4. 1 001~10 000人　□5. 1万人以上

3. 您所在单位的性质是:

□1. 国有独资及国有控股企业　□2. 集体企业　□3. 股份制企业

□4. 外资企业　□5. 其他

4. 贵公司所在产业类别:

□1. 工业品制造商　□2. 消费品制造商

5. 贵公司的年销售额:

□1. 不满3 000万　□2. 3 000万~1亿　□3. 1~5亿

□4. 5~15亿　□5. 15亿以上

6. 您是贵公司的:

□1. 高层管理人员(如总工程师、经理、总经理、董事长等)

□2. 中层管理人员(如主任工程师、科长、处长等)

□3. 基层管理人员(如组长、工程师等)

□4. 基层员工(如技术员、作业员、一般职员)

7. 您的学历:

□1. 博士　□2. 硕士　□3. 本科　□4. 其他

本问卷向您的咨询到此暂告一段落,再次诚挚地感谢您的支持!

若您对本研究感兴趣,请您填写下列资料,或附上您的名片,本研究完成后,将给您寄研究结果摘要的电子版或文字版一份,以表我们对您的衷心感谢!(您填写的所有个人资料将会保密)

姓名:____________　通讯地址:____________________

邮编:____________　E-mail:____________________

电话:____________

调查员:__________　调查时间:__________　调查地点:__________

附录三 正式调研问卷

尊敬的先生/女士：

您好！非常感谢您在百忙之中填写这份问卷！

本问卷所调查的问题，是中南财经政法大学工商管理学院博士生导师万后芬教授主持的国家自然科学研究基金项目(项目批准号：70672114)的重要组成内容，意在研究企业市场导向观念、营销质量和顾客价值的关系。您对本问卷所有问题给予的回答，将匿名进行，仅作为学术用途，我们将为您以及您对本问卷的看法保守机密。如您手中的是电子版本的问卷，您可以选择通过 E-mail 的方式及时将您的回答信息反馈给我们。辛苦您了！谢谢您对我们完成本课题的最大支持！

E-mail：xiongy65@163. com

祝工作顺利，万事如意！

中南财经政法大学工商管理学院

课题组全体成员

敬上

注:填答说明

1. 在填答该问卷前,请您阅读如下问题,这将决定您因所在行业特点而是否适合本次调研。

您所在的行业类别:□1. 工业品制造商　□2. 消费品制造商　□3. 其他

如果您的答案为选项 3,则本访问终止,谢谢您的合作。

2. 以下是"市场导向、营销质量驱动的顾客价值实证研究"有关问题的调查和咨询。请就每一项问题,根据您对贵公司的了解,作出客观的判断(请在您认可的备选答案所对应的数字上打"√")。

市场导向量表

序号	项　　目	非常不符合	不太符合	难以判断	比较符合	非常符合
	顾客导向					
1	顾客满意是公司的经营目标	1	2	3	4	5
2	公司对执行"满足顾客需要"实行了监督	1	2	3	4	5
3	公司在充分了解顾客需求的基础上制定竞争优势战略	1	2	3	4	5
4	"为顾客创造价值"是公司竞争战略的目标	1	2	3	4	5
5	公司经常系统地测量顾客满意度	1	2	3	4	5
6	公司十分重视售后服务	1	2	3	4	5
	竞争导向					
7	公司的营销人员与其他人员一起分享有关竞争者的信息	1	2	3	4	5
8	公司对竞争对手的任何行为能迅速作出反应	1	2	3	4	5
9	公司凭借自身的优势招徕顾客	1	2	3	4	5
10	公司的高层经常讨论竞争对手的优势与劣势	1	2	3	4	5
	跨部门间协调					
11	公司各部门主管会定期访问顾客或潜在顾客	1	2	3	4	5
12	公司各部门互通有关顾客的信息	1	2	3	4	5
13	公司各部门一起致力于满足目标市场的需要	1	2	3	4	5
14	公司管理者懂得如何调动每个员工的积极性为顾客创造价值	1	2	3	4	5
15	公司各部门均能共享资源	1	2	3	4	5

属性价值量表

序号	项目	极低	较低	中等	较高	极高
1	顾客认为公司产品的总体感知质量	1	2	3	4	5
2	顾客认为公司产品的性能	1	2	3	4	5
3	顾客认为公司产品的突出特征	1	2	3	4	5
4	顾客认为公司产品的可靠性(使用寿命内低故障率)	1	2	3	4	5
5	顾客认为公司产品的耐用程度	1	2	3	4	5

体验价值量表

序号	项目	极差	较差	一般	较好	极好
1	顾客对公司产品或服务质量的总体偏好	1	2	3	4	5
2	顾客对购买过程中的体验感受	1	2	3	4	5
3	顾客对公司产品质量特性,或者产品满足其需要的程度的评价	1	2	3	4	5
4	给定价格下的质量等级	1	2	3	4	5
5	给定质量下的价格等级	1	2	3	4	5
6	顾客对公司产品的品牌的偏好	1	2	3	4	5

营销质量量表

序号	项目	极差	较差	一般	较好	极好
1	营销人员在帮助公司向目标顾客确定和提高产品质量或服务时发挥了重要作用	1	2	3	4	5
2	营销人员确保顾客的要求正确地传达给产品或服务的设计者	1	2	3	4	5
3	营销人员确保顾客的预订正确而及时地得到满足	1	2	3	4	5
4	营销人员检查顾客在有关如何使用产品或服务方面得到了适当的指导、培训和技术性的帮助	1	2	3	4	5
5	营销人员在售后与顾客保持接触,以确保他们的满足能持续下去	1	2	3	4	5
6	营销人员收集顾客有关改进产品或服务方面的意见,并将其反映到公司各有关部门	1	2	3	4	5

目标价值量表

序号	项　　目	极低	较低	一般	较高	极高
1	顾客总体满意度	1	2	3	4	5
2	顾客认为公司的产品或服务没有达到期望的性能的程度	1	2	3	4	5
3	顾客认为公司的产品或服务超过期望的性能的程度	1	2	3	4	5

公司及受访者的基本资料(以下资料主要作为分类研究的依据,严格保密,请放心)

1. 贵公司所在地:________省
2. 贵公司大约有多少在职员工?
   □1. 100 人以下　□2. 101～500 人　□3. 501～1 000 人
   □4. 1 001～10 000 人　□5. 1 万人以上
3. 您所在单位的性质是:
   □1. 国有独资及国有控股企业　□2. 集体企业　□3. 股份制企业
   □4. 外资企业　□5. 其他
4. 贵公司所在产业类别:
   □1. 工业品制造商　□2. 消费品制造商
5. 贵公司的年销售额:
   □1. 不满 3 000 万　□2. 3 000 万～1 亿　□3. 1～5 亿
   □4. 5～15 亿　□5. 15 亿以上
6. 您是贵公司的:
   □1. 高层管理人员(如总工程师、经理、总经理、董事长等)
   □2. 中层管理人员(如主任工程师、科长、处长等)
   □3. 基层管理人员(如组长、工程师等)
   □4. 基层员工(如技术员、作业员、一般职员)
7. 您的学历:
   □1. 博士　□2. 硕士　□3. 本科　□4. 其他

本问卷向您的咨询到此暂告一段落,再次诚挚地感谢您的支持!

若您对本研究感兴趣,请您填写下列资料,或附上您的名片,本研究完成后,将给您寄研究结果摘要的电子版或文字版一份,以表我们对您的衷心感谢!(您填写的所有个人资料将会保密)

姓名:____________　通讯地址:____________________

邮编:____________　E-mail:____________________

电话:____________

调查员:__________　调查时间:__________　调查地点:__________

参考文献

白长虹.西方的顾客价值研究及其实践启示.《南开管理评论》,2001 年第 2 期。

彼得·圣吉著,郭进隆译.第五项修炼——学习型组织的艺术与务实.上海三联书店,1994 年。

陈文俊,贺正楚.从顾客价值角度看企业竞争优势的获取,《保险职业学院学报》,2002 年第 6 期。

陈向明.质的研究方法与社会科学研究.北京:教育科学出版社,2004 年。

杜鹏,万后芬.市场导向、质量导向与企业绩效关系的研究.《管理学报》,2009 年第 5 期。

段燚.顾客终生价值计量模型研究综述,《商业时代》,2007 年第 12 期。

范秀成,杜建刚.服务质量五维度对服务满意及服务忠诚的影响,《管理世界》2006 年第 6 期。

范秀成.品牌权益及其测评体系分析,《南开管理评论》2000 年第 1 期。

菲利浦·科特勒,凯文·莱恩·凯勒著,梅清豪译.营销管理(第 12 版).上海:上海人民出版社,2006 年。

菲利浦·科特勒著,梅清豪译.营销管理(第 11 版),上海人民出版社,2003 年。

菲利普·科特勒.营销管理(新千年版·第十版).北京:中国人民大学出版社,2001 年。

菲利普·科特勒著,梅汝和,梅清豪,张桁译.营销管理:分析、计划、执行和控制(第 9 版).上海:上海人民出版社,1999 年。

冯仁德.电子商务中的顾客价值管理探析.《商场现代化》,2005 年第 14 期。

关辉,董大海.中国本土品牌形象对感知质量-顾客满意-品牌忠诚影响机制的实证研究-基于消费者视角,《管理学报》,2008 年 5 月。

侯贵生.论全面质量营销战略,《四川商业高等专科学校学报》,2000 年第 6 期。

候杰泰,温忠麟,成子娟.结构方程模型及其应用.北京:教育科学出版社,2004 年。

黄祖辉,吕佳,刘东英.农产品质量营销:理论与实证分析,《福建论坛(人文社会科学版)》2004 年第 8 期。
金错刀编著.史蒂夫·乔布斯管理日志.北京:中信出版社,2010 年。
李宝库.以顾客为导向的营销质量观,《上海质量》,2000 年第 5 期。
李东进,张春雨.基于产品 Portfolio 的顾客终生价值测评方法,《郑州航空工业管理学院学报》,2006 年第 1 期。
李廉水,周勇.中国制造业"新型化"状况的实证分析,《管理世界》,2005 年第 6 期。
李庆华.基于顾客价值创新的企业战略定位研究,浙江大学博士论文,2001 年。
廖以臣.消费体验及其管理的研究综述,《经济管理·新管理》,2006 年第 14 期。
刘石兰.国外顾客价值研究的新进展,《价值工程》,2008 年第 5 期。
刘艳红,张平淡.质量营销与质量营销战略的实现,《企业管理》,2003 年第 3 期。
罗青军,何向东.基于顾客终生价值分析的营销策略研究,《商业经济与管理》,2005 年第 1 期。
罗青军,何向东.基于顾客终生价值分析的营销策略研究,《商业经济与管理》,2005 年第 1 期。
罗青军,项保华.市场导向基础的顾客价值创造研究,《五邑大学学报 (社会科学版)》,2003 年,第 5 卷第 1 期。
迈克尔·波特著,陈小悦译.竞争优势,华夏出版社,1997 年。
裴羽中,张斌,陈军华.论企业营销战略转型——从数量营销到全面质量营销,《商业研究》,2005 年第 3 期。
冉春娥.全面质量营销管理,《财经政法资讯》,2002 年第 2 期。
任学锋,李坤.顾客价值战略与企业竞争优势,《南开学报:哲学社会科学版》,2001 年第 5 期。
石军伟.顾客价值、战略逻辑创新与企业核心竞争力,《贵州财经学院学报》,2002 年第 3 期。
孙士焱.房地产开发企业的顾客价值管理体系初探,《价值工程》,2007 年,第 26 卷第 5 期。
孙士焱.房地产开发企业的顾客价值管理体系初探,《价值工程》,2007 年,第 26 卷第 5 期。
孙毓霜,邴春亭,牛海鹏:《质量营销》.北京:企业管理出版社,2000 年。
托尔曼 ,Tolman 著,李维译.动物和人的目的性行为.杭州:浙江教育出版社,1999 年。
万后芬.论全面质量营销,《武汉大学学报(社会科学版)》,2003 年第 7 期。

万后芬.全面质量营销:理论回归与展望,《中南财经政法大学学报》,2008年第3期。

万后芬.创建顾客价值主导的全面质量营销系统的设想,海峡两岸管理与会计学术研讨会,2005年。

王玮彦.顾客终生价值在CRM绩效管理中的作用,《商业研究》,2002年16期。

王锡秋.顾客价值及其评估方法研究,《南开管理评论》,2005年第5期。

吴仁洪,邹正清.中国制造业动态与经济发展,《管理世界》,1999年第1期。

吴政,覃正,卢致杰.B2C电子商务网站个体客户终生价值分析,《系统工程学报》,2005年第5期。

项保华,李庆华.基于企业——顾客认知互动过程的企业战略观,《南开管理评论》,2000年第4期。

徐虹.饭店企业核心竞争力研究.北京:旅游教育出版社,2004年。

许耿.创造顾客价值——西门子半导体公司的竞争战略,《广东科技》,2000年Z1期。

许庆瑞,郭斌,王毅.中国企业技术创新——基于核心能力的组合创新,《管理工程学报》,2000年第12期。

颜帮全,蒲晓东.营销质量观,《商业研究》,2002年第9期。

杨皎,马宝国.建立以顾客为导向的公司,迎接新世纪的挑战——从顾客满意到顾客价值的管理,《全国推行全面质量管理20周年大会论文集》,1999年。

杨龙,王永贵.顾客价值及其驱动因素剖析,《管理世界》,2002年第6期,第146～147页。

杨智.市场导向与营销绩效关系研究.北京:中国财政经济出版社,2005年。

姚钟华.企业核心竞争力与顾客价值分析,《 经济问题》,2001年第12期。

叶志桂.西方顾客价值研究理论综述,《北京工商大学学报:社会科学版》,2004年第4期。

余建英,何旭宏.数据统计分析与spss应用.北京:人民邮电出版社,2003年。

袁新平,田长春.营销质量评价模型,《内蒙古科技与经济》,2003年第1期。

约瑟夫·派恩,詹姆斯·吉尔摩著,夏业良,鲁炜等译.体验经济.北京:机械工业出版社,2002年。

张剑,袁洪飞、吴解生.全球价值链视角下中国制造业地位的提升,《企业经济》,2007年第6期。

张庆云,邓桂茹,郝海.我国医疗机构的顾客价值管理,《现代商业》,2008年第26期。

张庆云，邓桂茹，郝海：《我国医疗机构的顾客价值管理》，《现代商业》，2008 年第 26 期。

张世新，贺跃华. 基于顾客价值链的顾客价值管理，《商业时代》，2006 年第 27 期。

周露阳. 顾客终生价值估算：基于可操作的理论构架，《江苏商论》，2006 年第 3 期。

Abram H, Customer value management. *Marketing*, 1998, 19(1):213～229.

Albrecht, K. , *Customer Value*. Executive Excellence, 1994, September.

Allan C. Reddy, *Total Quality Marketing: The Key to Regaining Market Shares*. Westport, CT: Quorum Books, 1994, 180.

Alvin C. Burns, Ronald F. Bush 著，梅清豪等译. 营销调研（第二版）. 北京：中国人民大学出版社，2001 年。

Anastasi, A. , *Psychological Testing*. NY: Macmillan Publishing, 1990.

Anderson, J. C. and Gerbing, D. W. , Structural Equation Modeling in Practice: A Review and Recommends Two-step Approach. *Psychological Bulletin*, 1988, 103(3), pp. 411～423.

Anderson, James C. , Dipak C. Jain, and Pradeep K. Chintagunta, Customer Value Assessment in Business Markets: A State-of-Practice Study. *Journal of Business to Business Marketing*, 1993, 1(1), pp. 3～30.

Angus Jenkison, *Valuing Your Customers*. McGraw-Hill Book Co, 1995.

Bagozzi R P, Yi Y. , On the Evaluation of Structural Equation Models. *Journal of the Academy of Marketing Science*, 1988, Vol. 16, No. 1, pp. 74～94.

Bagozzi, R. P. , *Causal Models in Marketing*. New York: Wiley, 1980.

Balasubramanian, S. K. , and C. Cole, Consumers' Search and Use of Nutrition Information: The Challenge and Promise of the Nutrition Labelling and Education Act. *Journal of Marketing*, 2002, 66(3), pp. 112～117.

Bayton, J. A. , Motivation, cognition, learning-Basic factors in consumer behavior. *Journal of Marketing*, 1958, 22 (3), pp. 282～289.

Beckett, Sandra Blodgett, *Achieving competitive advantage through customer value: Exploring mass customization as a strategy for service organizations*. Ph. D. , The University of Texas at Arlington, 1996.

Benrd, H. S. *Experiential Marketing*. New York, The Free Perss, 1999, pp. 46～51.

Bentler, P. M. and C. P. Chou, Practical Issues in Structural Modeling. *Soci-*

ological Methods & Research, 1987, 16, pp. 78~117.

Bentler, P. M., & Mooijaart, A., Choice of structural model via parsimony: A rationale based on precision. *Psychological BrHetin*, 1989, 106(2), pp. 315~317.

Berghman, L. and Matthyssens, P., Building competences for new customer value creation: An exploratory study. *Industrial Marketing Management*, 2006, 35 (8), pp. 961~973.

Bernard Jaworski, Ajay K. Kohli, Arvind Sahay, Market-Driven Versus Driving Markets. *Journal of the Academy of Marketing Science*, 2000, Volume 28, No. 1, pp. 45~54.

Bernard, H. R., *Unstructured and Semistructured Interviewing*. Research Methods in Cultural Anthropology. Newbury Park: Sage, 1988.

Bishop, Willard R. Jr., *Competitive Intelligence*. Progressive Grocer, 1984, March, pp. 19~20.

Blankenburg Holm, D Eriksson, K Johansson, J., Business networks and cooperation in intermtioal business relationships. *Journal of International Business Studies*, 1996, 27 (5), pp. 1033~1053.

Blattberg, R. C. and J. Deighton, Manage marketing by the customer equity test. *Harvard Business Review*, 1996, 74(4), pp. 136~144.

Bolton, R. N. and Drew, J. H., A Multistage Model of Customers' Assessments of Service Quality and Value. *Journal of Consumer Researeh*. 1991, 17, pp. 875~884.

Bonnie Goebert, Herma Rosenthal, *Beyond Listening: Learning the Secret Language of Focus Groups*, Publisher: Wiley, 2001.

Boulding, W., Kalra, A., Richard, S. & Zeithaml, V. A., A dynamic process model of service quality: From expectations to behavioral intentions. *Journal of Marketing Research*, 1993, 30(1), pp. 7~27.

Bowen, D. E., & Schneider, B., Services marketing and management: Implications for organizational behavior. *Research in Organizational Behavior*, 1988, 10, pp. 43~80.

Brucks and Valarie A. Zeithaml, *Price as an Indicator of Quality Dimensions*. paper presented at Association for Consumer Research Annual Meeting,

Boston, MA, 1987.

Bucklin, L. P. , Retail strategy and the class of consumer goods. *Journal of Marketing*, 1963,27, pp. 51～56.

Burns, Mary Jane, *Value in Exchange: The Consumer Perspective*. Knoxville: The University of Tennessee, 1993.

Butz H. E & L. D. Goodstein, Measuring customer value: gaining the strategic advantage. *Organizational Dynamies*, 1996, Vol. 24, No. 3, pp. 63～77.

Buzzell, R. , & Gale, B. , *The PIMS principles: Linking strategy to performance*. New York: Free Press, 1987.

C. Fornell, D. F, Larcker, Evaluating Structural Equation Models with Unobservable Variables and Measurement Error, *Journal of Marketing Research*, 1981, Vol. 18, pp. 39～50.

C. K. Prahalad, Gary Hamel, The Core Competence of the Corporation. *Harvard Business Review*, 1990, pp. 79～91.

Cardozo, R. N. , An experimental study of customer effort, expectation, and satisfaction. *Journal of Marketing Research*, 1965, 2, pp. 244～249.

Carl Sewell and Paul Brown, *Customer for Life*. New York: Pocket Books, 1990, pg. 162.

Carol A. Reeves and David A. Bednar, Defining Quality: Alternatives and Implications, *Academy of Management Review*, 1994 Vol. 19, No. 3, Special Issue: "Total Quality" (Jul. , 1994), pp. 419～445

Carrillat, F. A. , Jaramillo, F. and Locander, W. , Market-Driving Organisations: A Framework. *Academy of Marketing Science Review*, 2004(5), pp. 1～14.

Charles R. O'Neal, William C. LaFief, Marketing's lead role in total quality. *Industrial Marketing Management*, 1992, Vol. 21, Issue 2, pp. 133～143.

Christopher M, Payne A, Ballantyne D. , *Relationship Marketing: Bringing quality, customer service, and marketing together*. Oxford: Butterworth-Heinemann Ltd, 1991.

Churchill, G. , A paradigm for developing better measures of marketing constructs. *Journal of Marketing Research*, 1979,16, pp. 64～73.

Chusil M., & Downs S., *When value helps. The PIMSLETTER on business strategy*. Cambridge, MA: The strategy planning institute, 1979.

Claes Fornell, Michael D. Johnson, Eugene W. Anderson, Jaesung Cha, Barbara Everitt Bryant, The American Customer Satisfaction Index: Nature, Purpose, and Findings. *The Journal of Marketing*, 1996, Vol. 60, No. 4, pp. 7～18.

Cravens, D. W., Holland, C. W., Lamb Jr., C. W., Moncrief III, W. C., Marketing's Role in Product and Service Quality. *Industrial Marketing Management*, 1988, (4), pp. 285～304.

Crosby, P. B., *Quality is free: The art of making quality certain*. New York: New American Library, 1979.

Cuieford, J. P., *Fundamental Statistics in Psychology and Education*. New York: McGraw Hill, 1965.

Cydnee Miller, U. S Firms Lag in Meeting Global Quality Standards. *Marketing News*, 1993, 15, February.

David J. Collis, Cynthia A. Montgomery, Competing on Resourees: Strategy in the 1990s. *Harvard Business Review*, 1995, pp. 118～128.

Day, A., & Wensley, R., Marketing theory with a strategic orientation. *Journal of Marketing*, 1983, 47, pp. 79～89.

Day, G. S., What Does It Mean to be Market-Driven? . *Business Strategy Review*, 1998, 9, (1), pp. 1～14.

Day, George S., The Capabilities of Marke-Driven Organizations. *Journal of Marketing*, 1994, 10, pp. 37～52.

DeSarbo, Wayne, Kamel Jedidi, and Indrajit Sinha, Customer Value Analysis in a Heterogeneous Market. *Strategic Management Journal*, 2001, 22, pp. 845～57.

Deshpande, and Frederick E. Webster, Organizational Culture and Marketing: Defining the Research Agenda. *Journal of Marketing*, 1989, Vol. 53(1), pp. 3～15.

Deshpande, John U. Farley and Frederick E. Webster Jr., Corporate Culture, Customer Orientation, and Innovativeness in Japanese Firms: A Quadrad

Analysis. *Journal of Marketing*, 1993,57,pp. 23～27.

Deshpande, R. (Ed.). *Developing a marketing orientation*. Thousand oaks, California: Sage Publication,1999.

Dess. G., Lumpkin G. and Covin J., Entrepreneurial Strategy Making and Firm Performance: Tests of Contingency and Configurational Models. *Strategic Management Journal*, 1997,Vol. 18, Iss 1, pp. 2～23.

Ding, L., W. Velicer, & L. Harlow, Effects of Estimation Methods, Number of Indicators per Factor and Improper Solutions on Structural Equation Modeling Fit Indices. *Structural Equation Modeling*, 1995, 2, pp. 119～143.

Divita, Salvatore F., Marketing Quality Control- An Alternative to Consumer Affairs. *California Management Review*, 1978, Vol. XX, No. 4, Summer.

Don Bathie and Josh Sarkar, Total quality marketing(TQMK): a symbiosis. *Managerial Auditing Journal*, 2002, 17/5, pp. 241～244.

Doyle, Mona, *New Ways of Measuring Value*. Progressive Grocer-Value, Executive Report, 1984, pp. 15～19.

Drucker, P. F, *The Practice of Management*. New York: Harper and Row Publishers, 1954.

Farquhar, P., Managing brand equity. *Journal of Advertising Research*, 1990, 30(4), RC7～RC12.

Feigenbaum, A. V., Quality and business growth today. *Quality Progress*, 1982, 15(11), pp. 22～25.

Feigenbaum, A. V., *Quality control: Principles, practice, and administration*. New York: McGraw-Hill, 1951.

Feigenbaum, A. V., *Total quality control* (*3rd ed.*). New York: McGraw-Hill, 1983.

Fennell G., Consumer's Perceptions of the Product-Use Situation. *Journal of Marketing*, 1978, Vol. 42, pp. 38～47.

Festinger, Leon. *A Theory of Cognitive Dissonance*. Stanford, CA: Stanford University Press, 1957.

Flint, Daniel J., Woodruff, Robert B., Gardial, Sarah Fisher,Customer Value

Change in Industrial Marketing Relationships: A Call for New Strategies and Research. *Industrial Marketing Management*, 1997, 26, pp. 163～175.

Fornell C, Johnson MD, Anderson EW, Cha J, Bryant BE, The American Customer Satisfaction Index: nature, purpose, and findings. *Journal of marketing*, 1996.

Fornell, C., A National Customer Satisfaction Barometer: The Swedish Experience. *Journal of Marketing*, 1992, Vol. 56, No. 1, pp. 6～21.

Gale, B. T., *Managing Customer Value: Creating Quality and Service that Customers Can See*. New York: Free Press, 1994.

Garvin, D. A., Competing on the eight dimensions of quality. *Harvard Bus. Rev*, 1987, 65(6), pp. 101～109.

George S. Day, Misconceptions about Market Orientation. *Journal of Market-Focused Management*, 1999, Vol. 4, No. 1, pp. 5～16.

Gilmore, H. L., Product conformance cost. *Quality progress*, 1974, 7(5), pp. 16～19.

Golfetto, F. and Gibbert, M., Matketing competencies and the sources of customer In business markets. *Industrial Marketing Management*, 2006, 35, pp. 904～912.

Grace Tyng-Ruu Lin Jerry Lin, Ethical Customer Value Creation: Drivers and Barriers. *Journal of Business Ethics*, 2006, Vol. 67, No. 1, pp. 93～105.

Granroos, C., *Service management and marketing: Managing the moments of truth in service competition*. Lexington, MA: Lexington Books, 1990.

Gronroos, C., *Strategic management and marketing in the service sector*. Cambridge, MA: Marketing Science Institute, 1983.

Gronroos, C., Value-driven Relational Marketing from Products to Resources and Competences. *Journal of Marketing Management*, 1997, 13, pp. 407～419.

Gutman J., A means-end chain model based on consumer categorization processes. *Journal of Marketing*, 1982, 46, pp. 60～72.

Hallberg, Garth, *All Customers are not Created Equal*. New York: John Wiley, 1995.

Hamel, G., and C. K. Prahalad, *Competing for the Future*. Boston: HBS Press, 1994.

Hausknecht, DouglasR., Measurement Scales in Consumer Satisfaction/Dissatisfaction. *Journal of Consumer Satisfaction, Dissatisfaction and Complaining Behavior*, 1990,3, pp. 1～11.

Higgins, K. T., The Value of Consumer Value Analysis. *Marketing Seareh*, 1998, 10(4), pp. 38～44.

Hirschman and Holbrook MB, *Advances in Consumer Research*. UT: Association for Consumer Research, 1985.

Hogan J., Lehmann D. R., Merino M., Srivastava R. K, Thomas J. S., and P. C. Verhoef, Linking Customer Assets to Financial Performance. *Journal of Service Research*, 2002,5 (1), pp. 26～38.

Holbrook and Kim P. Corfman, *Quality and Value in the Consumption Experience: Phaedrus Rides Again*. in Perceived Quality, J. Jacoby and J. Olson, eds, Lexington, MA: Lexington Books, 1985, pp. 31～57.

Holm, Desiree B., Kent Eriksson and Jan Johanson, Business Networks and Cooperation in International Business Relationships. *Journal of International Business Studies*, 1996, 27 (5), pp. 1 033～1 053.

Iris Mohr-Jackson, Quality Function Deployment: A Valuable Marketing Tool. *Journal of Marketing Theory and Practice*, 1996,(4), pp. 60～67.

Jacoby J., Olson JC. eds, *Perceived Quality*. Lexington, MA: Lexington Books, 1985.

Jacoby J., Olson JC, *Consumer response to price: an attitudinal, information processing perspective*. In Moving Ahead with Attitude Research, Wind Y, Greenberg P (eds.), American Marketing Association: Chicago IL, 1977, pp. 73～86.

Jacoby, Jacob; Olson, Jerry C.; Haddock, Rafael A., Price, brand name, and product composition characteristics as determinants of perceived quality. *Journal of Applied Psychology*, 1971, Vol. 55(6), pp. 570～579.

Jakson, B. B., Build Customer Relationship That Last. *Havard Business Review*, 1985, pp. 120～128.

James C. A, James A. N., Business Marketing: Understand What Customers Value. *Harvard Business Review*, 1998.

Janny C. Hoekstra, Eelko K. R. E. Huizingh, The Lifetime Value Concept in Customer-Based Marketing. *Journal of Market-Focused Management*, 1999, Vol. 3, No. 3～4, pp. 43～76.

Jaworski, B. J., and A. K. Kohli, Market Orientation-Antecedents and Consequences. *Journal of Marketing*, 1993, 57(3), pp. 53～70.

Jaworski, B. J., Kohli, A. K., & Sahay, A., Market-Driven Versus Driving Markets. *Journal of the Academy of Marketing Sciences*, 2000, 28 (1), pp. 45～54.

Jeanke W. van der Haar, Ron G. M. Kemp and Onno Omta, Creating Value that Cannot Be Copie. *Industrial Marketing Management*, 2001, Vol. 30, Issue 8, pp. 627～636.

Johnson, M. D., & Fornell, C., A framework for comparing customer satisfaction across individuals and product categories. *Journal of Economic Psychology*, 1991, 12(2), pp. 267～286.

Johnson, W. C. and Richard C. Chvala, *Total Quality in Marketing*. Delray Beach, FL: St. Lucie Press, 1996.

Juran, J. M., Gryna, F. M., Jr., & Bingham, R. S. (Eds.), *Quality control handbook* (*3rd. ed.*). New York: McGraw-Hill, 1974.

Kantamneni, S. P. & Coulson, K. R., Measuring Perceived Value: Scale Development and Research Findings From a Consumer Survey. *The Journal of Marketing Management*, 1996, 6 (2), pp. 72～86.

Kohli A. K, Jaworski, B. J, and Kumar A, MARKOR: A Measure of Market Orientation. *Journal of Marketing*, 1993, Vol. 30, pp. 467～477.

Kohli, A. K. and Jaworski, B. J., Market Orientation: The Construct, Research Propositions, and Managerial Implications. *Journal of Marketing*, 1990, 54(2), pp. 1～18.

Kolter, P and Levy, S. J, Broadening the Concept of Marketing. *Journal of Marketing*, 1969, Vol. 3, pp. 10～15.

Kordupleski, Raymond E., Rust, Roland T., and Zahorik, Anthony J., Why Improving Quality Doesn't Improve Quality (or Whatever Happened to

Marketing?). *California Management Review*, 1993,35, pp. 82～95.

Kuehn, A. A., & Day, R. L., Strategy of product quality. *Harvard Business Review*, 1962, 40(6), pp. 100～110.

Kumar, Nirmal Ya, L Scheer and Philip Kotler, From Market Driven to Market Driving. *European Management Journal*, 2002, Vol. 18, No. 2, pp. 129～142.

LaFief, William C, Total Quality Marketing: The Key to Regaining Market Shares. *Academy of Marketing Science*. Fall 1996, 24. 4, ABI/INFORM Global, pp. 377.

Lapierre, J., Customer-perceived value in industrial context. *The Journal of Business & Industrial Marketing*, 2000, 15(2/3), pp. 122～140.

Law, Philip and Laura Cousins, *Is Quality Market-Led?*. In Proceedings British Academy of Management Conference, Ed. P, Jchard Wilson, Bath, UK: British Academcy of Management, 1991, pp. 91～96.

Leugenia Ham and Steven Hayduk, Gaining Competitive Advantages in Higher Education: Analyzing the Gap between Expectations and Perceptions of Service Quality. *International Journal of Value-Based Management*, 2003,16 (3), pp. 223～242.

Levitt, T., Production-line approach to service. *Harvard Business Review*, 1972, 50(5), pp. 41～52.

Levitt, Theodore, *The Marketing Mode*. New York: McGraw-Hill Book Company, 1969.

Liselore Berghman, Paul Matthyssens, Koen Vandenbempt, Building competences for new customer value creation: an exploratory study. *Industrial marketing management*, 2006, 35(8), pp,961～973.

Lloyd C. Harris, Kai Yi Cai, Exploring Market Driving: A Case Study of De Beers in China. *Journal of Market-Focused Management*. 2002, Vol. 5, No. 3, pp. 171～196.

Lumpkin, G. T and Gregory, G. Dess, Clarifying the entrepreneurial Orientation Construct and Linking it to Performance. *The Academy of Management Review*, 1996, Vol. 21, Issue 1, pp. 135～172.

Lun Hou, Xiaowo Tang, Gap model for dual customer value. *Tsinghua Science*

& *Technology*, 2008, Vol. 13, Issue 3, pp. 395～399.

Marc H. Mayer, James M. Utterback, The product family and the dynamics of core capability. *Sloan Management Review*, 1993, pp. 29～47.

Marsh, H. W., Hau, K. T., Balla, J. R., Grayson, D., Is more ever too much: The number of indictors per factor in confirmatory factor analysis. *Multivariate Behavioural Research*, 1998, 33(2), pp. 181～220.

Marsh, H. W., & Hau, K. T., *Confirmatory factor analysis: Strategies for small sample sizes*. In R. H. Hoyle (Ed.), Statistical strategies for small sample research, Thousand Oaks, CA: Sage, 1999, pp. 251～284.

Masella, C., & Rangone A., A contingent approach to the design of vendor selection systems for different types of co-operative customer/supplier relationships. *International Journal of Operations & Production Management*, 2000, 20(1), pp. 70～81.

Mathwick, C., Malhotra, N., Rigdon, E., Experiential value: conceptualization, measurement and application in the catalog and Internet shopping environment. *Journal of Retailing*, 2001, 77, pp. 39～56.

McCune, J. T., Customer Satisfaction as A Strategic Weapon: the Implications for Performance Management. *Human Resource Planning*, 1989, (12), pp. 195～204.

McDonald, R. P., & Marsh, H. W., Choosing a multivariate model: Noncentrality and goodness of fit. *Psychological Bulletin*, 1990, 707(2), pp. 247～255.

Michael Conklin, Ken Powaga, Stan Lipovetsky, Customer satisfaction analysis: Identification of key drivers. *European Journal of Operational Research*, 2004, Vol. 154(3), pp. 819～827.

Moller K and Halinen A; Relationship marketing theory: Its roots and direction. *Journal of Marketing Management*; 2000, Vol. 16, pp. 29～54.

Moller, K, Role of competences in creating customer value: a value-creation logic approach. *Industrial Marketing Management*, 2006, 35, pp. 913～924.

Monroe, K. B., Pricing: *Making Profitable Decisions*. McGraw Hill, New York, 1990.

Monroe, Kent B. and R. Krishnan, *The Effect of Price on Subjective Product Evaluations*. in Perceived Quality, J. Jacoby and J. Olson, eds. Lexington, MA: Lexington Books, 1985, pp. 209～232.

Morgan, Neil A., Piercy. Nigel F., Interactions between Marketing and Quality at the SBU Level: Influences and Outcomes. *Journal of the Academy of Marketing Science*, 1998, (26), pp. 190～208.

Morris, T., *Customer Relationship Management*. CMA. Hamilton, September 1994.

Morrison, Allen J, A and Kendall Roth, A Taxonomy of Business-level Strategies in Global Industries. *Strategic Management Journal*, 1992, Vol. 13, pp. 399～418.

Mulaik, S. A., James, L. R., Alstine, J. V., Bennett, N., Lind, S., & Stilwell, C. D., Evaluation of goodness-of-fit indices for structural equation models. *Psychological Bulletin*, 1989, 705(3), pp. 430～445.

Narver, J. C, and Slater. F. S, Market Orientation, Customer Value and Superior Performance. *Business Horizons*, 1994, pp. 22～28.

Narver, J. C., Slater, S. F., & MacLachlan, D. L., Responsive and proactive market orientation and new-product success. *The Journal of Product Innovation Management*, 2004, 21(5), pp. 334～347.

Narver, J. C., and Slater, S. F., The Effect of a Market Orientation on Business Profitability. *Journal of Marketing*, 1990, 54(2), pp. 20～35.

Normann, R. & Ramirez, R., Value chain to value constellation - designing interactive strategy. *Harvard Business Review*, 1993, pp. 65～77.

Nunnally, J. C., Berntein, I. H., *Psychometric Theory*. New York: Mc Grow-Hill, 1994.

Nunnally, J. C., *Psychometric Theory*, N. Y: Mc Graw-Hill, 1978.

Oczkowski, E. and M. A. Farrell, Discriminating Between Measurement Scales Using Nonnested Tests and Two-stage Least Squares Estimators: The Case of Market Orientation. *International Journal of Research in Marketing*, 1998, Vol. 15, pp. 349～366.

Ohmae, K., Getting back to strategy. *Harvard Business Review*, 1988, 66:6, pp. 149～156.

Oliver, Richard L, *Satisfaction: A Behavioral Perspective on the Consumer*. New York: McGraw-Hill, 1997.

Orsini, J. L., Make Marketing Part of the Quality Effort. *Quality Progress*, 1994, 27(4), pp. 43～46.

Parasuraman, A., Zeithaml, V. A., & Berry, L. L., A conceptual model of service quality and its implications for future research. *Journal of Marketing*, 1985, 4(4), pp. 41～50.

Parasuraman, The impact of technology of the quality-value-loyalty chain: a research agenda. *Journal of the Academy of Marketing Science*, 2000, 28(1), pp. 156～174.

Payne A, Relationship Marketing-Making the Customer Count. *Managing Service Quality*, 1994, Vol. 4, No. 6, pp. 29～31.

Peck H, Payne A, Christopher M, Clack M, *Relationship Marketing: Strategy and implementation*. Oxford: Butterworth-Heinemann Ltd, 1999.

Penny M. Simpson, Judy A. Siguaw and Thomas L. Baker, A Model of Value Creation: Supplier Behaviors and Their Impact on Reseller-Perceived Value. *In dustrial Marketing Management*, 2001, Vol. 30, pp. 123.

Peter C Verhoef, Customer Equity: Building and Managing Relationships as Valuable Assets: Robert C. Blattberg, Gary Getz and Jacquelyn S. Thomas, Harvard Business School Press (2000). *Long Range Planning*, 2002, Vol. 35, Issue 6, pp. 657～661.

Peterson and William R. Wilson, *Perceived Risk and Price-Reliance Schema and Price-Perceived-Quality Mediators*. in Perceived Quality. J. Jacoby and J. Olson, eds. Lexington, MA: Lexington Books, 1985, pp. 247～268.

Philip Kolter, Gary Armstrong, 俞利军译:《科特勒市场营销教程》(第四版), 华夏出版社, 2000 年。

Philip Kotler, *Marketing management: analysis, planning, implementation, and control*. 9thed., Englewood Cliffs: Prentice-Hall, Inc, 1998.

Phillips, L. W., Chang, D., & Buzzel, R. D., Product quality, cost position, and business performance: a test of some hypotheses. *Journal of Marketing*, 1983, 47, pp. 26～43.

Porter, M. E., *Competitive Advantage: Creating and Sustaining Superior Performance*. New York: Free Press, 1985.

Puente Castro, Raquel, *E-Valuation: A multiple-item scale for measuring perceived value in online services*. New Orleans, Louisiana: Tulane University, 2004.

Rakesh Niraj, Mahendra Gupta, Chakravarthi Narasimhan, Customer Profitability in a Supply Chain. *Journal of Marketing*, 2001, Vol. 65, pp. 1～16.

Ravald and Gronroos, The value concept and relationship marketing. *European Joumal of Marketing*, 1996.

Reed, R., Lemak, D. J., & Montgomery, J. C., Beyond process: TQM content and firm performance. *Academy of Management Review*, 1996, 21, pp. 173～202.

Reynolds, Thomas J., Implications for Value Research: A Micro vs. Macro Perspective. *Psychology and Marketing*, 1985, 2, 4, pp. 297～305.

Robert C. Blattberg, Edward C. Malthouse, Scott A. Neslin, Customer Lifetime Value: Empirical Generalizations and Some Conceptual Questions. *Journal of Interactive Marketing*, 2009, 23 (2), pp. 157～168,

Robert C. Blattberg, Gary Getz, Jacquelyn S. Thomas, *Customer Equity: Building and Managing Relationships as Valuable Assets*. Harvard Business Press, 2001.

Rokeach, M, *The Nature of Human Values*. New York: Free Press, 1973.

Russell W Belk, Situational Variables and Consumer Behavior. *Journal of Consumer Research*, 1975, 2(3), pp. 157～164.

Rust, Roland T., Zeithaml, Valarie A., and Lemon, Katherine N.: *Driving Customer Equity: How Customer Lifetime Value is Reshaping Corporate Strategy*. The Free Press, New York, 2000.

Salvatore F. Divita, Marketing Quality Control, An Alternative to Consumer Affairs. *California Management Review*, 1978, Vol. XX, No. 4, pp. 74～78.

Sasser, W. E., Olsen, R. P., & Wyckoff, D. D., *Management of service operations*. Boston: Allyn & Bacon, 1978.

Sawyer and Peter Dickson, *Psychological Perspectives on Consumer Response to Sales Promotion*. in Research on Sales Promotion: Collected Papers, Katherine Jocz, ed, Cambridge, MA: Marketing Science Institute, 1984.

Schechter, Len, *A Normative Conception of Value*. Progressive Grocer, Executive Report, 1984, pp. 12～14.

Schmalensee, D. H., Marketers Must Lead Quality Improvement or Risk Becoming Irrelevant. *Services Marketing Newsletter*, 1991, Vol. 7, No. 1, pp, 1～3.

Sheth, Jagdish N., Bruce I. Newman, and Barbara L. Gross, *Consumption Values and Market Choices: Theory and Applications*. Cincinnati, OH: Southwesten Publishing, 1991.

Shumacker R E, Lomax R G., *A Beginner's Guide to Structural Equation Modeling*. Mahwah, NJ: Erlbaum Associates, 1996.

Simpson, Penny M., Judy A. Siguaw and Thomas L. Baker, A Model of Value Creation: Supplier Behaviors and Their Impact on Retailer Perceived Value. *Industrial Marketing Management*, 2001, 30, pp. 119～134.

Slater, S. F and Narver, J. C, Does Competitive Environment Moderate the Market Orientation-Performance Relationships?. *Journal of Marketing*, 1994, Vol. 58, pp. 46～55.

Srivastava, R. K., T. A. Shervani, and L. Fahey, Marketing, Business Processes, and Shareholder Value: An Organizationally Embedded View of Marketing Activities and the Discipline of Marketing. *Journal of Marketing*, 1999, 63, pp. 168～180.

Stowell, Daniel M, *Quality in the Marketing Process*. Milwaukee: 1989, Vol. 22, Issue 10.

Sudharshan, D., & Sanchez, R., Distribution Equity: Creating Value through Managing Knowledge Relationships with Distribution Channels. *Journal of Market-Focused Management*, 1998, 2(4), pp. 309～338.

Sweeney, C. Jillian; Soutar, N. Geoffrey, Consumer Perceived Value: The Development of a Multiple Item Scale. *Journal of Consumer Research*, 2001, 77(2), pp. 203～220.

Sweeney, Jillian C., Geoffrey N. Soutar, Lester W. Johnson, The Role of Perceived Risk in the Quality-Value Relationship: A Study in a Retail Environment. *Journal of Retailing*, 1999,75(1), pp. 77～105.

Theodore Levitt, Marketing Myopia. *Harvard Review*, July-August, 1960.

Thomas Bieger, Andreas Wittmer and Christian Laesser, What is driving the continued growth in demand for air travel? Customer value of air transport. *Journal of Air Transport Management*, 2007, Vol. 13, Issue 1, pp. 31～36.

Tuominen, M., Rajala, A., & Moller, K., Market-driving versus market-driven: Divergent roles of market orientation in business relationships. *Industrial Marketing Management*, 2004, 33, pp. 207～217.

W. C. Johnson, R. J. Chvala, *Total Quality in Marketing*. Florida: CRC Press, 1996, pp. 25～45.

W. Chan kim, Renee Mauburgne, Strategy, value innovation and the knowledge economy. *Sloan Management Revivew*, 1999, pg. 50.

White, Bruce D, Marketing Quality, *Quality*. Troy: Jun 1984. Vol. 23, Iss. 6.

Williams, Larry J., Anderson, Stella E., An alternative approach to method effects by using latent-variable models: applications in organizational behavior research. *Journal of Applied Psychology*, 1994, 79, pp. 31～323.

Wilson, D. T., An integrated model of buyer-seller relationships. *Journal of the Academy of Marketing Sciences*, 1995, Vol. 23, No. 4, pp. 333～345.

Wolfgang Ulaga, Customer Value in Business Markets. *Industrial Marketing Management*, 2001, 30, pp. 315～319.

Woodruff and Sarah Fisher Gardial, *Know Your Customer: New Approaches to Customer Value and Satisfaction*. Cambridge, MA: Blackwell, 1996.

Woodruff B. R., Customer Value: the Next Source for Competitive Advantage. *Journal of the Academy of Marketing Science*, 1997, 25(2), pp. 139～153.

Wrenn, B., S. LaTour, and B. Calder, Difference in perceptions of hospital marketing orientation between administrators and marketing officers. *Hospital and Health Services Administration*, 1994, 39, pp. 341～358.

Wrenn, B., The Market Orientation Construct: Measurement and Scaling Issues. *Journal of Business Research Theory and Practice*, 1997, Vol. 5, pp.

31～54.

Ying-Feng Kuo，Chi-Ming Wub，Wei-Jaw Deng，The relationships among service quality，perceived value，customer satisfaction，and post-purchase intention in mobile value-added services. *Computers in Human Behavior*，2009，25，pp. 887～896.

Young，S. and B. Feigin，Using the Benefit Chain for Improved Strategy Formulation. *Journal of Marketing*，1975，39，pp. 72～74.

Zeithaml and Leonard Berry，*The Time Consciousness of Supermarket Shoppers*. working paper，Texas A&M University，1987.

Zeithaml V A.，Consumer Perception of Price，Quality and Value：A Means-End Model and Synthesis of Evidence. *Journal of Marketing*，1988，Vol. 52，pp. 2～22.

Zeithaml，V. A.，Parasuraman，A.，& Berry，L. L.，*Delivering quality service*. New York：Free Press，1990.

Zeithmal V.，Service Excellence in Electronic Channels. *Managing Service Quality*，2002，12，3，pp. 135～139.

后 记

本书是在笔者博士论文的基础上修正完成。选题顾客价值作为研究主题，更大程度上是基于导师的国家自然基金研究项目，而结合我国制造业的实践进行的研究内容选择则是笔者的研究兴趣与关注。

顾客价值问题是营销研究的核心问题，市场导向和营销质量都是营销研究的重要课题，作出本书选题，研究上存在一定的难度，一是对顾客价值的理解有着广泛的外延，二是营销质量相关研究甚少，资料有限。我尽了自己的最大努力，设计了研究方案，进行了相关探索。从 2007 年始，经过营销调研，多次修正论题、开题、通过博士答辩、再修正，历经 5 年时间，著作终于面世。虽然书中还存在诸多不完善之处，我还是斗胆予以出版，以期引起其他营销学者的兴趣，共同探讨这一问题。

看到眼前即将正式出版的书稿，我的心中是感慨万千。15 年前，我尚在粮食企业工作，对管理学科理论和实践产生了兴趣，特别是营销管理，于是，生活的轨迹发生了变化。1997 年，我走向了企业管理专业学习和教学之路。2003 年，我有幸作为访问学者到英国 Middlesex 大学市场营销专业学习，敲开了面前的营销研究大门。2005 年，我成为中南财经政法大学市场营销专业博士生，算是真正踏上了专业研究的路程。一路走来，我如同辛勤的蜜蜂，不断从环境中汲取着养分，在此，我要特别感谢我的导师中南财经政法大学万后芬教授，导师的高尚人格魅力一直感召着我，是我教学生涯的楷模，其严谨治学的科学研究精神使我受益良多；感谢中南财经政法大学彭新闾教授及其他教授的传道授业和解惑；感谢甘碧群教授、田志龙教授、张新国教授、宁昌会教授、汤定娜教授对我论文答辩中的指正和肯定；感谢中国地质大学出版社责任编辑及其同事对本书细致认真的审稿、编辑工作；感谢所有给予我关心和帮助的老师、同学、朋友和亲人们。

本书的遗憾和不足之处，我将在今后的研究中进行弥补和改进。

熊　艳

2012年5月3日于武汉

图书在版编目(CIP)数据

市场导向、营销质量驱动的顾客价值实证研究——以制造业为例/熊艳著. —武汉:中国地质大学出版社有限责任公司,2012.6

ISBN 978-7-5625-2763-3

Ⅰ.①市…

Ⅱ.①熊…

Ⅲ.①制造工业-工业企业管理-市场营销学-研究-中国

Ⅳ.①F426.4

中国版本图书馆 CIP 数据核字(2012)第 000564 号

市场导向、营销质量驱动的顾客价值实证研究——以制造业为例 熊 艳 著

责任编辑:徐润英 责任校对:代 莹

出版发行:中国地质大学出版社有限责任公司(武汉市洪山区鲁磨路 388 号) 邮政编码:430074

电 话:(027)67883511 传真:67883580 E-mail:cbb @ cug. edu. cn

经 销:全国新华书店 http://www.cugp.cug.edu.cn

开本:880 毫米×1230 毫米 1/32 字数:210 千字 印张:7.25

版次:2012 年 6 月第 1 版 印次:2012 年 6 月第 1 次印刷

印刷:武汉教文印刷厂 印数:1—500 册

ISBN 978-7-5625-2763-3 定价:30.00 元